学ぶ人は、変えてゆく人だ。

目の前にある問題はもちろん、

人生の問いや、

社会の課題を自ら見つけ、

挑み続けるために、人は学ぶ。

「学び」で、

少しずつ世界は変えてゆける。

いつでも、どこでも、誰でも、

学ぶことができる世の中へ。

旺文社

JN011410

1

もくじ

本書の特長と使い方 ……………………………………………… 4

第1章
古代国家の形成

1 人類の出現と四大文明の発展 ……………………… 6
2 律令国家の成立 …………………………………… 10
3 貴族の政治 ………………………………………… 14
定期テスト予想問題 …………………………………… 18

第2章
中世の日本

1 武家政治の成立 …………………………………… 20
2 鎌倉時代の文化と仏教 …………………………… 24
3 鎌倉幕府の滅亡と室町幕府 ……………………… 28
4 産業の発達と民衆文化 …………………………… 32
定期テスト予想問題 …………………………………… 36

第3章
近世の日本

1 ヨーロッパ人の来航と天下統一 ………………… 38
2 江戸幕府の成立と鎖国 …………………………… 42
3 幕府政治のうつりかわり ………………………… 46
4 ゆらぐ幕府政治 …………………………………… 50
定期テスト予想問題 …………………………………… 54

第4章
近代日本の形成

1 欧米諸国の発展とアジア進出 …………………… 56
2 開国と江戸幕府の滅亡 …………………………… 60
3 明治維新 …………………………………………… 64
4 日清・日露戦争 …………………………………… 68
5 日本の産業革命と近代文化 ……………………… 72
定期テスト予想問題 …………………………………… 76

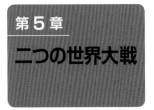

第5章 二つの世界大戦

1 第一次世界大戦と日本 ……………………………………… 78

2 世界恐慌と日本の大陸進出 ……………………………… 82

3 第二次世界大戦と日本 …………………………………… 86

定期テスト予想問題 ……………………………………… 90

第6章 戦後の日本と世界の結びつき

1 戦後の日本と冷たい戦争 ………………………………… 92

2 現代の日本と世界の結びつき …………………………… 96

定期テスト予想問題 ……………………………………… 100

「資料　思考の整理」………………………………………… 102

社会情勢の変化により，掲載内容に違いが生じる事柄があります。二次元コードを読み取るか，下記URLをご確認ください。
https://service.obunsha.co.jp/tokuten/jiji_news/

教科書対照表 下記専用サイトをご確認ください。

https://www.obunsha.co.jp/service/teikitest/

STAFF

編集協力　有限会社マイプラン（近田伸夫）

校正　尾崎涼子　株式会社東京出版サービスセンター　株式会社ぷれす

装丁デザイン　groovisions

本文デザイン　大滝奈緒子（ブラン・グラフ）

写真協力　アフロ，国立国会図書館，慈照寺，日本写真著作権協会，平等院，ColBase (https://colbase.nich.go.jp/)

本書の特長と使い方

本書の特長

1 STEP 1 **要点チェック**, STEP 2 **基本問題**, STEP 3 **得点アップ問題**の3ステップで，段階的に定期テストの得点力が身につきます。

2 スケジュールの目安が示してあるので，定期テストの範囲を1日30分×7日間で，計画的にスピード完成できます。

3 コンパクトで持ち運びしやすい「+10点暗記ブック」＆赤シートで，いつでもどこでも，テスト直前まで大切なポイントを確認できます。

STEP 1 要点チェック
テスト1週間前から確認!

単元の要点をまとめたページです。テスト範囲の大事なポイントを確認しましょう。

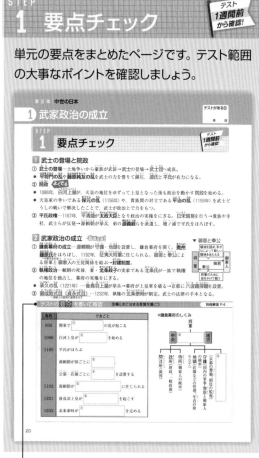

テストの要点を書いて確認
「要点チェック」の大事なポイントを，書き込んで整理できます。

STEP 2 基本問題
テスト5日前から確認!

基本的な問題で単元の内容を確認しながら，定期テストの問題形式に慣れるよう練習しましょう。

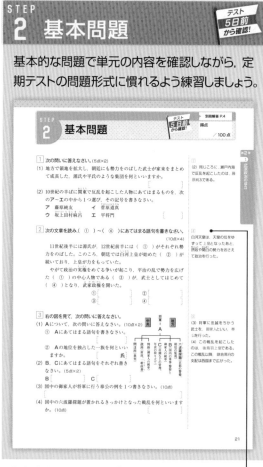

わからない問題は，右のヒントを見ながら解くことで，理解が深まります。

アイコンの説明

 おぼえる！ これだけは覚えたほうがいい内容。

よくでる テストによくでる内容。

 よくでる テストによくでる問題。
時間がないときはここから始めよう。

 難 難しい問題。
これが解ければテストで差がつく！

 文章記述 文章で説明する問題。

 入試に出る！ 実際の入試問題。定期テストに
出そうな問題をピックアップ。

STEP 3 得点アップ問題

テスト 3日前から確認！

単元の総仕上げ問題です。テスト本番と同じように取り組んで，得点力を高めましょう。

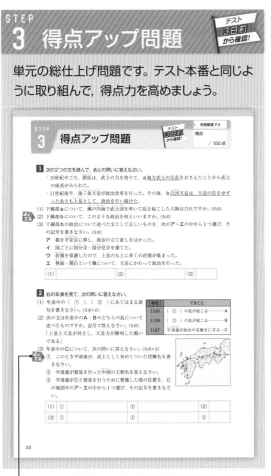

アイコンで，問題の難易度などがわかります。

定期テスト予想問題

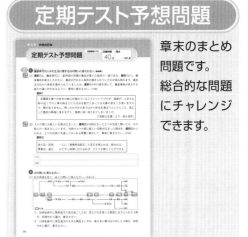

章末のまとめ問題です。
総合的な問題にチャレンジできます。

+10点 暗記ブック

コンパクトで，テスト当日の確認にピッタリ！
赤シート付き。

① 人類の出現と四大文明の発展

STEP 1 要点チェック

テスト1週間前から確認!

1 人類の誕生と古代文明

① **人類の誕生と進化**…人類は**猿人→原人→新人**〔ホモ・サピエンス〕と進化。打製石器・狩り・採集の時代を**旧石器時代**，土器・**磨製石器**・農耕・牧畜の時代を**新石器時代**という。

② **文明のおこり** おぼえる!

● **エジプト文明**…太陽暦，象形文字，ピラミッド。

● **メソポタミア文明**…**くさび形文字**，60進法，七曜制。

● **インダス文明**…モヘンジョ・ダロの都市遺跡。

● **中国文明**…殷で甲骨文字。戦乱の時代に**儒学**〔儒教〕。

● **中国の統一王朝**…紀元前3世紀に秦が統一，**万里の長城**を築く→**漢**がシルクロード〔絹の道〕を開く。

● **朝鮮**…紀元前後，朝鮮半島北部に**高句麗**がおこる。

③ **宗教のおこり**…シャカ〔釈迦〕による**仏教**，イエスによる**キリスト教**，ムハンマドによる**イスラム教**。

資料　文明の発生地域

文明の発生地には大きな川が流れている。

チグリス川　インダス川　中国文明　黄河　メソポタミア文明　バビロン　殷墟　長安　メンフィス　エジプト文明　モヘンジョ・ダロ　インダス文明　長江　ナイル川

2 日本の成り立ち

① **日本列島の誕生と縄文時代**…約1万年前，日本列島が誕生。縄文土器をつくり，狩りや採集中心の**縄文文化**。貝塚や**土偶**。たて穴住居に住む。

② **弥生時代**…稲作や金属器が伝わる。**吉野ヶ里遺跡**。弥生土器がつくられる。**奴国**の王が漢に使いを送る。邪馬台国の卑弥呼が魏に朝貢。
「漢委奴国王」・鉄器や青銅器

③ **大和政権と古墳**…3世紀後半，近畿地方を中心として**大和政権**が誕生。
王は大王とよばれた
古墳がさかんにつくられた6世紀末ごろまでを**古墳時代**という。
王や豪族の墓。はにわが置かれた

● 中国は南北朝時代。朝鮮は**高句麗・新羅・百済**と**伽耶地域**〔任那〕。

● **渡来人**が土木技術，**須恵器**，絹織物の製法，漢字，儒学などを伝えた。

▼ 5世紀の朝鮮半島

高句麗　好太王碑　丸都(集安)　漢城(ソウル)　熊津(公州)　新羅　百済　金城(慶州)　伽耶〔任那〕

テストの 要点 を書いて確認　空欄にあてはまる言葉を書こう　別冊解答 P.1

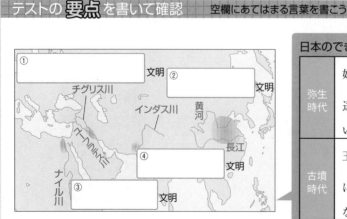

① _____ 文明　② _____ 文明
チグリス川　インダス川　黄河
④ _____ 文明　長江
③ _____ 文明
ナイル川

日本のできごと

弥生時代	奴国の王が ⑤ _____ に使いを送る。女王 ⑥ _____ が魏に使いを送る。
古墳時代	王が ⑦ _____ と呼ばれるようになる。⑧ _____ がさまざまな技術を伝えた。

STEP 2 基本問題

テスト5日前から確認!

得点 ／100点

---

1 右の地図を見て，次の問いに答えなさい。

(1) A，Bにあてはまる文明の名称を書きなさい。(10点×2)

A [　　　　　　文明]

B [　　　　　　文明]

(2) Cの川の名称を書きなさい。(5点)

[　　　　　　　　]

(3) 紀元前6世紀ごろ，中国で孔子が説いた教えを何といいますか。(5点)

[　　　　　　　　]

チグリス川　インダス川
メソポタミア文明　C 中国文明
メンフィス　バビロン　長安　殷墟
A　モヘンジョ・ダロ　長江　B
ナイル川

1
(1) Aは現在の国名，Bは川の名称が入る。
(3) 仏教ではないことに注意。仏教がおこったのはインドである。

---

2 次の文を読んで，(①)～(⑤)にあてはまる語句を書きなさい。

(10点×5)

　氷河時代が終わって，ほぼ現在の日本列島ができると，人々は(①)土器とよばれる縄目の文様のついた土器をつくり，狩りや採集を中心としたくらしを始めた。そのようすは，食べ物のかすなどを捨てた(②)から知ることができる。

　やがて，大陸から金属器や(③)が伝わり，高床倉庫がつくられるようになった。(③)が伝わったころ，赤褐色をした薄くてかたい土器もつくられた。その土器の名前から，この時代を(④)時代とよぶ。やがて，小さな国々ができ，中には女王卑弥呼が治める(⑤)のように，中国に使いを送る国も出てきた。

① [　　　　　] ② [　　　　　] ③ [　　　　　]

④ [　　　　　] ⑤ [　　　　　]

2
縄文文化→弥生文化という大きな流れをおさえる。

---

3 右の地図を見て，次の問いに答えなさい。

(1) 大和政権が生まれた場所を，地図中のア～エの中から1つ選び，その記号を書きなさい。(10点)

[　　　　　　　]

(2) 大和政権が生まれたころに渡来人が日本に伝えたものを，次のア～エの中から1つ選び，その記号を書きなさい。(10点)

ア 銅鐸　　　**イ** 土偶

ウ 須恵器　　**エ** 銅鏡

[　　　　　　　]

ウ　エ　ア　イ

3
(2) 銅鐸や銅鏡は弥生時代に日本列島に伝わった。

STEP
3
得点アップ問題

テスト
3日前
から確認!

別冊解答 P.1

得点

／100点

1 次のA～Cの文を読んで，あとの問いに答えなさい。

A 最も古い人類であると考えられている（　　　）は，約700万年から600万年前にアフリカにあらわれ，直立二足歩行を行い，自由になった手で道具をつくった。

B 人々のあいだで農耕や牧畜が始まり，土器や磨製石器を使用するようになった時代を，新石器時代という。

C ナイル川の流域では①エジプト文明が栄え，②太陽暦が用いられ，③甲骨文字がつくられた。また，王の墓として④ピラミッドが建てられた。

(1) Aの（　　　）にあてはまる語句を，次のア～ウの中から1つ選び，その記号を書きなさい。

(5点)

ア 原人　　　イ 猿人　　　ウ 新人

(2) Bの下線部について述べた文として正しいものを，次のア～エの中から1つ選び，その記号を書きなさい。(5点)

ア 石を打ち欠いてつくった。　　イ 動物の骨や角からつくった。

ウ 石の表面を磨いてつくった。　　エ 銅とすずを混ぜ合わせてつくった。

 (3) Cの下線部①～④のうち，誤っているものを1つ選び，その番号を書きなさい。(5点)

(1)		(2)		(3)	

2 右の年表を見て，次の問いに答えなさい。

 (1) 年表中の（　①　），（　②　）にあてはまる人物名を書きなさい。(5点×2)

(2) 年表中のAのあと，中国でおこった次のア～エのできごとを，年代の古い順にならべかえなさい。(10点)

ア 漢が中国を統一する。

イ 孔子が儒学〔儒教〕を説く。

ウ 秦の始皇帝が万里の長城を築く。

エ 北朝と南朝に分かれる。

(3) 年表中のBについて，イエスが説いた教えをもとにした宗教を何といいますか。(5点)

年代	おもなできごと
紀元前16世紀ごろ	中国に殷がおこる……A
紀元前5世紀ごろ	（　①　）が仏教を開く
紀元前後	イエスが教えを説く……B
7世紀	（　②　）がイスラム教を始める

(1)	①		②	
(2)	→ → →		(3)	

3 次の文を読んで，あとの問いに答えなさい。

　　A縄文時代が続いたのち，紀元前4世紀ごろに大陸から稲作が伝わり，人々はそれまでの厚手の土器とはことなるB薄手でかための土器をつくるようになった。この時代には「むら」が生まれ，C小さな国々が各地につくられるようになった。

　　3世紀には，邪馬台国の（　D　）が使いを中国に送り，金印や銅鏡を授けられた。

(1) 下線部Aについて，次の問いに答えなさい。

　① 縄文時代について述べた文として誤っているものを，次のア〜エの中から1つ選び，その記号を書きなさい。(5点)

　ア　いのししやしかなどの動物を狩り，木の実などを採集して生活していた。

　イ　人々は集団をつくり，たて穴住居にそれぞれ分かれて住んでいた。

　ウ　豊作のいのりやまじないのため，土偶をつくった。

　エ　銅鐸という青銅器が伝わり，祭りのときなどに使われた。

文章記述 ② 「貝塚」とはどのような場所でしたか。簡単に説明しなさい。(10点)

(2) 下線部Bについて，この土器を何といいますか。(5点)

(3) 下線部Cについて，現在の福岡平野にあったとされる奴国の王は中国に使いを送り，金印を授けられました。当時の中国の王朝名を書きなさい。(5点)

(4) （　D　）にあてはまる女王の名前を書きなさい。(10点)

(1)	①		②	
(2)			(3)		(4)	

4 次の問いに答えなさい。

(1) 右の図のような形の古墳を何といいますか。(5点)

(2) 古墳のまわりに置かれた，人や馬，家などの形をした土器を何といいますか。(5点)

 (3) 3世紀後半に，近畿地方に生まれた，有力豪族による強力な政権を何といいますか。(5点)

(4) (3)の政権の王は，5世紀になると何とよばれるようになりましたか。漢字2字で書きなさい。(5点)

 (5) 右の資料は，(4)が中国の皇帝に送った手紙の一部です。文中の（　　　）にあてはまる国名を，次のア〜エの中から1つ選び，その記号を書きなさい。(5点)

　ア　新羅　　　　イ　百済
　ウ　楽浪郡　　　エ　高句麗

> わたしの祖先は，自らよろいやかぶとを身につけて，山や川をかけめぐったので，東は55国，西は66国，さらに海をわたって95国を平定しました。しかしわたしの使いが陛下のところに貢ぎ物をもっていくことを，（　　　）がじゃまをします。次こそ（　　　）を破ろうと思いますので，わたしに高い地位をあたえて激励してください。
> （部分要約）

(1)		(2)		(3)	
(4)		(5)			

② 律令国家の成立

STEP 1 要点チェック

テスト
1週間前
から確認!

1 聖徳太子と飛鳥文化　よくでる

① **聖徳太子**…**推古天皇**の摂政となり，**蘇我氏**と政治改革。
● **冠位十二階**…才能や功績で役人を登用。└家柄にとらわれない
● **十七条の憲法**…役人の心構えを示す。
● **遣隋使**…隋の進んだ政治や文化を学ぼうとした。└小野妹子を派遣
② **飛鳥文化**…日本最初の仏教文化。**法隆寺**，**釈迦三尊像**。

2 律令国家への歩み　よくでる

① **大化の改新**…645年，**中大兄皇子**（のちの**天智天皇**）は**中臣鎌足**（のちの**藤原鎌足**）らと蘇我氏をたおす。豪族が支配していた土地・人民を国家が直接支配する**公地・公民**を方針とする。
● 663年，**白村江の戦い**で新羅・唐の連合軍に敗退。
● 672年，あとつぎ争いの**壬申の乱**に勝利した**天武天皇**が即位→のち持統天皇が**藤原京**を完成。
② **律令国家の成立**…701年，**大宝律令**。710年，**平城京**に遷都。
③ **奈良時代の人々の生活**　おぼえる!
● **班田収授法**…戸籍に登録された6歳以上の男女に**口分田**を支給。
● さまざまな負担…**租**（収穫量の約3％の稲），**調**（地方の特産物），**庸**（労役の代わりの布），兵役（一部は衛士や**防人**）など。
● **墾田永年私財法**…開墾した土地の永久私有を認める→貴族や寺社が**荘園**を拡大。└貴族や寺社の私有地
④ **天平文化**…国際色豊かな文化。遣唐使の派遣で発達。
● 中国から来日した**鑑真**の**唐招提寺**，東大寺の**正倉院**の宝物。└聖武天皇の愛用品が納められた
● **聖武天皇**…国ごとに**国分寺・国分尼寺**，都に東大寺と**大仏**をつくる。
● 歴史書の『**古事記**』・『**日本書紀**』，地理書の『**風土記**』，和歌集の『**万葉集**』。

▼ 十七条の憲法

> 一に曰く，和をもって貴しとなし，さからうことなきを宗とせよ。
>
> 二に曰く，あつく三宝を敬え。三宝とは仏・法・僧なり。
>
> 三に曰く，詔をうけたまわりては必ずつつしめ。

▼ 律令国家のしくみ

```
〈中央〉
神祇官（神を祭る仕事）
太政官（一般の政治）
  ├ 左大臣
  ├ 太政大臣
  └ 右大臣
      ├ 中務省
      ├ 式部省
      ├ 治部省
      ├ 民部省
      ├ 兵部省
      ├ 刑部省
      ├ 大蔵省
      └ 宮内省

〈地方〉
国司 — 郡司 — 里長
国 — 郡 — 里
〈九州〉大宰府
```

テストの 要点 を書いて確認　空欄にあてはまる言葉を書こう　　別冊解答 P.2

● 推古天皇の摂政となった [①　　　　] は，[②　　　　　　　] で役人の心構えを示した。

● 中臣鎌足らと [③　　　　　　] を始めた [④　　　　　　] は，[⑤　　　　] として即位した。

● 奈良時代の人々は [⑥　　　　　] を支給され，収穫した稲を [⑦　　　] (税) として納めた。

● [⑧　　　　　] は国ごとに国分寺・国分尼寺，都に [⑨　　　　　] を建てた。

STEP 2 基本問題

別冊解答 P.2

テスト 5日前 から確認!

得点 ／100点

---

1 次の文を読んで，あとの問いに答えなさい。(10点×3)

　（　A　）の摂政となった聖徳太子は，<u>さまざまな政治のしくみを整えた</u>。また，仏教を熱心に信仰し，奈良に（　B　）を建てた。

(1) Aにあてはまる天皇の名前を書きなさい。　［　　　　天皇］

(2) 下線部の1つである冠位十二階の内容にあてはまるものを，次のア〜ウの中から1つ選び，その記号を書きなさい。

　ア　役人に仕事への心構えを示した。

　イ　家柄にとらわれずに才能ある人物を取り立てることができるようにした。

　ウ　天皇のためではなく，自分の一族のために仕事ができるようにした。　　　［　　　　］

(3) Bにあてはまる寺の名前を書きなさい。　［　　　　］

1
(2) 役人に仕事への心構えを示したのは十七条の憲法。
(3) この寺の金堂には釈迦三尊像がおさめられている。

---

2 次の文を読んで，（　①　）〜（　④　）にあてはまる語句を書きなさい。

(10点×4)

　645年，（　①　）は（　②　）（のちの藤原鎌足）らとともに蘇我氏をたおして，新しい政治のしくみをつくる改革を進めた。これを（　③　）という。その後，（　①　）の弟が，壬申の乱で勝利して（　④　）天皇となり，天皇を中心とする国づくりをさらに進めた。

①［　　　　］　　②［　　　　］
③［　　　　］　　④［　　　　］

2
① この人物はのちに天智天皇となった。

---

3 次の文を読んで，あとの問いに答えなさい。

　710年，（　①　）の都である長安（現在の西安）にならい，奈良に（　②　）がつくられた。奈良時代には，仏教と大陸文化の影響を強く受けた国際色豊かな文化が栄えた。これを<u>天平文化</u>という。

(1) （　①　）にあてはまる中国の王朝を，次のア〜エの中から1つ選び，その記号を書きなさい。(10点)

　ア　唐　　イ　漢　　ウ　秦　　エ　殷　　　　［　　　　］

(2) （　②　）にあてはまる語句を書きなさい。(10点)［　　　　］

(3) 下線部の内容として誤っているものを，次のア〜エの中から1つ選び，その記号を書きなさい。(10点)

　ア　『風土記』　　イ　『魏志倭人伝』
　ウ　『万葉集』　　エ　『古事記』　　　　［　　　　］

3
(1) このころ，さかんに遣唐使が送られた。
(2) 710年，藤原京からこの都に移った。
(3) 『魏志倭人伝』には，邪馬台国や卑弥呼についての記述がある。

STEP
3
得点アップ問題

テスト
3日前
から確認!

別冊解答 P.2

得点

／100点

1 右の年表と資料を見て，次の問いに答えなさい。

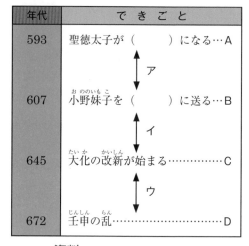

年代	で き ご と
593	聖徳太子が（　　　）になる…A
	↕ ア
607	小野妹子を（　　　）に送る…B
	↕ イ
645	大化の改新が始まる…………C
	↕ ウ
672	壬申の乱…………………………D

(1) 年表中の**A**の（　　　）にあてはまる，天皇の
政治を補佐する役職を何といいますか。(5点)

**よく
でる** (2) 資料は，聖徳太子が定めた役人に対する心構え
の一部です。これを何といいますか。(5点)

(3) 年表中の**B**の（　　　）にあてはまる中国の王
朝を，次の**ア〜エ**の中から1つ選び，その記号
を書きなさい。(5点)

ア 漢　**イ** 秦　**ウ** 南朝　**エ** 隋

(4) 年表中の**C**について述べた文として正しいもの
を，次の**ア〜エ**の中から1つ選び，その記号を
書きなさい。(5点)

ア 蘇我氏が，中大兄皇子や中臣鎌足をたおした。

イ 初めて本格的な都である藤原京をつくった。

ウ 一部の豪族が力をふるう政治を改め，天皇中心の
国づくりをめざした。

エ この改革の結果，冠位十二階が定められた。

資料

一に曰く，和をもって貴しとなし，
さからうことなきを宗とせよ。

二に曰く，あつく三宝を敬え。三宝
とは仏・法・僧なり。

三に曰く，詔をうけたまわりては，
必ずつつしめ。　　　（部分要約）

(5) 年表中の**D**に勝利し，新たに天皇となったのはだれで
すか。次の**ア〜ウ**の中から1つ選び，その記号を書き
なさい。(5点)

ア 推古天皇　　**イ** 天武天皇　　**ウ** 天智天皇

難 (6) 次のできごとは年表中の**ア〜ウ**のどの時期に起こりましたか。1つ選び，その記号を書き
なさい。(5点)

「日本は百済を助けるため朝鮮半島に軍を送ったが，唐・新羅の連合軍に敗れた。」

(7) 飛鳥文化の内容として最も適切な文を，次の**ア〜エ**の中から1つ選び，その記号を書きな
さい。(5点)

ア 代表的な遺跡として吉野ヶ里遺跡がある。

イ 各地に前方後円墳がつくられた。

ウ 日本最初の仏教文化で，代表的な建築として法隆寺がある。

エ 須恵器という高温で焼かれたかたい土器がつくられた。

(1)		(2)		(3)	
(4)		(5)		(6)		(7)	

2 次の文を読んで，あとの問いに答えなさい。

　　701年，唐の法律にならってa大宝律令が定められ，710年には唐の都（　A　）にならって平城京がつくられた。都には市が置かれ，地方から届いた産物などが売買された。
　　また，b班田収授法も制定されたほかに，人々はcさまざまな負担を義務づけられた。朝廷は，開墾をすすめるために743年に（　B　）を出した。同じころ，（　C　）は，仏教の力で国家を守ろうとして，都に（　D　）を建て大仏をつくらせた。

(1) 文中の（　A　）～（　D　）にあてはまる語句を書きなさい。(4点×4)

(2) 下線部aについて，右の図は律令による国家のしくみを示しています。図中の①～④にあてはまる語句を，次のア～エの中からそれぞれ選び，その記号を書きなさい。(4点×4)

　ア　国司　　　　イ　太政大臣
　ウ　郡司　　　　エ　神祇官

〈中央〉
（　①　）
（神を祭る仕事）
太政官
（一般の政治）

左大臣
（　②　）
右大臣

中務省
式部省
治部省
民部省
兵部省
刑部省
大蔵省
宮内省

〈地方〉
国（③）　郡（④）　里（里長）

〈九州〉
大宰府

(3) 下線部bについて，その内容を簡単に説明しなさい。(5点)

(4) 下線部cについて，次の問いに答えなさい。
　① 人々が負担した税の組み合わせとして
　　正しいものを，次のア～エの中から１つ選び，その記号を書きなさい。(4点)
　ア　租－労役の代わりの布　　イ　調－地方の特産物など
　ウ　庸－地方での労役　　　　エ　雑徭－収穫量の約３％の稲
　② 兵士として，九州北部の防衛についた人々を何といいますか。(4点)

(1)	A		B		C		D	
(2)	①		②		③		④	
(3)								
(4)	①		②					

3 次の文を読んで，あとの問いに答えなさい。

　　奈良時代には遣唐使を通じてa中国との交流が深まり，西アジアやインドの影響を受けた国際的な文化が栄えた。これを（　　　）文化という。また，b日本という国の成り立ちや天皇が支配するいわれを明らかにしようとする動きが起こり，c和歌もさかんになった。

(1) 文中の（　　　）にあてはまる語句を書きなさい。(4点)

(2) 下線部aについて，何度も遭難しながら来日し，日本に正しい仏教を広めた唐の僧はだれですか。(4点)

(3) 下線部bについて，国の神話や伝承などをまとめた当時の書物を２つ書きなさい。(4点×2)

(4) 下線部cについて，天皇から農民の歌まで約4500首をおさめた和歌集を何といいますか。

(4点)

(1)		(2)	
(3)		(4)	

13

3 貴族の政治

STEP 1 要点チェック

テスト1週間前から確認!

1 平安京と東アジアの変化

① **平安京**…794年，**桓武天皇**が政治を立て直すため現在の京都市に遷都。平安時代の始まり。
● 東北地方の**蝦夷**を従わせるため**坂上田村麻呂を征夷大将軍**に任命。
② **最澄と空海**…9世紀初め，中国から新しい仏教の宗派が伝えられる。最澄は**天台宗**を伝え，**比叡山**に**延暦寺**を建てる。空海は**真言宗**を伝え，**高野山**に**金剛峯寺**を建てる。
③ **遣唐使の停止**…894年，**菅原道真**の提案で遣唐使を廃止。
● 唐は10世紀にほろび，**宋〔北宋〕**が統一。朝鮮半島では**高麗**がおこり**新羅**をほろぼす。

2 摂関政治と平安時代の文化 **よくでる**

① **摂関政治**…**藤原氏**が摂関政治を行い，朝廷での勢力を広げた。
→11世紀前半の**藤原道長**と**頼通**父子のときに最盛期。

> !! **重要用語**
>
> **摂関政治**
> 娘を天皇のきさきにして，その子を次の天皇にし，天皇が幼いときは摂政，成長すると関白となって，政治の実権をにぎること。

② **国風文化**…中国の文化を消化し，日本の風土や感情に合った文化。貴族が中心。
● **かな文字**…漢字をくずし，日本語の発音をあらわせるようにした→『**古今和歌集**』（**紀貫之**ら），『**源氏物語**』（**紫式部**），『**枕草子**』（**清少納言**）などの文学作品が生み出される。
● **寝殿造**…貴族の住まいの様式。
③ **浄土信仰**…念仏を唱えて阿弥陀仏にすがり，死後に極楽浄土に生まれ変わることを願った信仰。
● **平等院鳳凰堂**…藤原頼通が宇治（京都）に建てた阿弥陀堂。

▼ **藤原氏と天皇の関係**

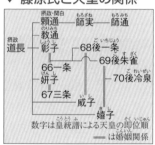

摂政・関白
頼通——師実——師通
教通
のりみち
摂政
道長 教通
彰子 68後一条
69後朱雀
66一条
妍子 70後冷泉
67三条
威子
嬉子
数字は皇統譜による天皇の即位順
—— は婚姻関係

資料

漢字からかな文字へ

安 以 宇 衣 於
あ〜ろ う え わ
あ い う え お

阿 伊 宇 江 於
ア イ ウ エ オ

ひらがなは主に女性が利用した。

テストの **要点** を書いて確認　空欄にあてはまる言葉を書こう　別冊解答 P.3

年代	できごと
794	桓武天皇が都を京都の　①　　　　　　　に移す
797	坂上田村麻呂を　②　　　　　　　　　　　に任命
894	唐のおとろえにより，　③　　　　　　　が停止される
1016	④　　　　　　　　が摂政になる（摂関政治の全盛期）

●国風文化

作品	作者（編者）
『源氏物語』	⑦
『　⑤　　　　』	清少納言
『　⑥　　　　』	紀貫之ら

別冊解答 P.3

STEP 2 基本問題

得点 ／100点

1 次の文を読んで，あとの問いに答えなさい。

　794年，（　①　）は政治の立て直しをはかるため，**A平安京**をつくった。（　①　）は，東北地方の蝦夷を朝廷に従わせるため，坂上田村麻呂を（　②　）に任命して大軍を送った。9世紀の初めには，**B中国から仏教の新しい宗派が日本に伝わった。**

(1)（　①　），（　②　）にあてはまる語句を，次の**ア～カ**の中からそれぞれ1つずつ選び，その記号を書きなさい。(10点×2)

　ア 聖徳太子　　**イ** 桓武天皇　　**ウ** 天智天皇

　エ 征夷大将軍　　**オ** 太政大臣　　**カ** 国司

①［　　　　］　　②［　　　　］

(2) 下線部**A**について，平安京が置かれたのは現在の都道府県のどこにあたりますか。次の**ア～エ**の中から1つ選び，その記号を書きなさい。(10点)

　ア 奈良県　　**イ** 京都府　　**ウ** 大阪府　　**エ** 兵庫県

［　　　　］

(3) 下線部**B**について，日本に天台宗，真言宗を伝えた人物をそれぞれ書きなさい。(15点×2)

天台宗［　　　　　　］　　真言宗［　　　　　　］

2 次の文を読んで，あとの問いに答えなさい。

　藤原氏は，娘を天皇のきさきにし，その子を天皇にした。そして，天皇が幼いときには摂政，成長すると（　①　）となって権力をにぎった。このような政治を（　②　）政治という。

　平安時代の半ばをすぎると，それまで取り入れた中国の文化を消化し，日本の風土や感情に合った文化を生み出すようになった。この文化を国風文化という。

(1)（　①　），（　②　）にあてはまる語句をそれぞれ書きなさい。

(10点×2)

①［　　　　］　　②［　　　　］

(2) 下線部について，次の人物名と作品名を正しく組み合わせたものを，あとの**ア～エ**の中から2つ選び，その記号を書きなさい。(10点×2)

　A―紫式部　　　　B―清少納言　　　C―紀貫之

　D―『源氏物語』　E―『枕草子』　　F―『古今和歌集』

　ア AとF　　**イ** BとE　　**ウ** CとE　　**エ** AとD

［　　］［　　］

1

(2) その後，明治時代の初めまで，同じ場所に都が置かれた。

(3) 天台宗の総本山は比叡山（滋賀・京都府）の延暦寺，真言宗の総本山は高野山（和歌山県）の金剛峯寺。

2

(1) ② 2つの役職を組み合わせたよび名である。

(2) 紫式部や清少納言，紀貫之の作品には，かな文字が使われた。

STEP 3 得点アップ問題

1 次のA〜Dの文を読んで，あとの問いに答えなさい。

A 794年，桓武天皇は都を京都の（　　　　）に移した。

B 朝廷は，蝦夷を従わせるために坂上田村麻呂を（　　　　）に任命し，大軍を送った。

C 9世紀初め，最澄や空海により，仏教の新しい宗派が中国から日本に伝わった。

D 10世紀初めに中国では唐がほろび，朝鮮半島では（　　　　）がおこった。

(1) **A**について，次の問いに答えなさい。(5点×2)

① （　　　　）にあてはまる語句を書きなさい。

② 桓武天皇が都を移した理由として最も適切なものを，次の**ア〜エ**の中から1つ選び，その記号を書きなさい。

ア 壬申の乱に勝利し，新しい都で政治を始めようとしたから。

イ 大宝律令がつくられたのち，中国にならった都をつくろうとしたから。

ウ 新しい都で政治を立て直そうとしたから。

エ 仏教の力を国の中心において政治を進めようとしたから。

(2) **B**について，次の問いに答えなさい。(5点×2)

① （　　　　）にあてはまる語句を書きなさい。

② 坂上田村麻呂は，どの地方に遠征して蝦夷と戦いましたか。次の**ア〜エ**の中から1つ選び，その記号を書きなさい。

ア 東北地方　　**イ** 関東地方　　**ウ** 近畿地方　　**エ** 九州地方

(3) **C**について，最澄と空海に関連する次の①〜④の語句の正しい組み合わせを，あとの**ア〜エ**の中から1つ選び，その記号を書きなさい。(10点)

① 真言宗

② 天台宗

③ 金剛峯寺

④ 延暦寺

ア 最澄—①・③　空海—②・④　　　**イ** 最澄—②・④　空海—①・③

ウ 最澄—①・④　空海—②・③　　　**エ** 最澄—②・③　空海—①・④

(4) **D**について，次の問いに答えなさい。(5点×2)

① （　　　　）にあてはまる国名を，次の**ア〜エ**の中から1つ選び，その記号を書きなさい。

ア 新羅　**イ** 百済　**ウ** 高麗　**エ** 高句麗

② 唐がおとろえてほろびたのちに，中国を統一した王朝を，次の**ア〜エ**の中から1つ選び，その記号を書きなさい。

ア 隋　　**イ** 殷　　**ウ** 秦　　**エ** 宋（北宋）

(1)	①		②		(2)	①	
(2)	②		(3)		(4)	①		②	

2 右の年表を見て，次の問いに答えなさい。

(1) 年表中の**A**について，当時の藤原氏はどのように政治を進めましたか。最も適切なものを，次の**ア〜エ**の中から１つ選び，その記号を書きなさい。(5点)

年代	で き ご と
794	都を京都に移す
9世紀後半	藤原氏が朝廷で勢力を広げる…A
1016	（　　） が摂政となる ………B
1053	（　　） が建てられる ………C

ア 蘇我氏と協力しながら，天皇中心の政治を行おうとした。

イ 仏教の力で国を守ろうとして，国ごとに国分寺と国分尼寺を建てた。

ウ 娘を天皇のきさきにして，その子を天皇にし，幼いときには摂政，成長すれば関白となって政治を行った。

エ 中大兄皇子とともに蘇我氏をほろぼし，中国にならって律令国家をつくろうとした。

 (2) 年表中の**B**の（　　）には，右の和歌をよんだ人物が入ります。その人物名を書きなさい。(10点)

> この世をば
> わが世とぞ思う
> 望月の欠けたることも
> 無しと思えば

(3) 年表中の**C**について，次の問いに答えなさい。

① （　　）には，右の写真の建物が入ります。この建物の名称を，次の**ア〜エ**の中から１つ選び，その記号を書きなさい。(5点)

ア 東大寺　　　　**イ** 法隆寺
ウ 平等院鳳凰堂　**エ** 唐招提寺

② ①が建てられたころ，念仏を唱えて阿弥陀仏に頼り，極楽浄土への生まれ変わりを願う信仰が広まりました。これを何といいますか。(10点)

(1)		(2)		(3)	①

(3)	②	

3 国風文化について，次の問いに答えなさい。

 (1) 国風文化とはどのような文化ですか。「中国の文化」と「日本」の語句を用いて，簡単に説明しなさい。(10点)

 (2) このころつくられた，漢字をくずして日本語の発音をあらわせるようにした文字を何といいますか。(5点)

(3) 『源氏物語』の作者はだれですか。(10点)

(4) 国風文化にあてはまらないものを，次の**ア〜エ**の中から１つ選び，その記号を書きなさい。

(5点)

ア 『古今和歌集』　**イ** 大和絵　**ウ** 『枕草子』　**エ** 『万葉集』

(1)	
(2)		(3)		(4)	

定期テスト予想問題

別冊解答 P.3

目標時間 **40**分 ｜ 得点 ／100点

① 次のⅠ〜Ⅳの文を読んで，あとの問いに答えなさい。

Ⅰ 城壁で囲まれた都市国家が生まれ，（ ① ）文字や月の満ち欠けをもとにした暦がつくられた。また60進法や1週間を七日とすることが考え出された。

Ⅱ 優れた青銅器や，亀の甲や牛の骨に刻まれた（ ② ）文字がつくられた。王はうらないによって人々を支配した。

Ⅲ 排水施設をもつ計画都市を中心とする独自の文明が生まれたが，北方の遊牧民が侵入し，神官を最高位とする身分制度がつくられた。

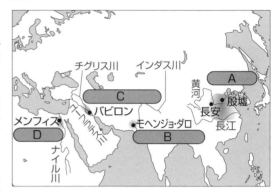

Ⅳ 川のはんらんや種まきの時期を知るための天文学や，建造物をつくるための測量学が発達し，太陽を基準とした暦がつくられた。また，（ ③ ）文字がつくられた。

(1) （ ① ）〜（ ③ ）にあてはまる語句を書きなさい。(4点×3)

(2) 下線部について，この暦を何といいますか。(10点)

(3) Ⅰ〜Ⅳの文と，地図中の**A〜D**の地域を正しく組み合わせているものを，次の**ア〜エ**の中から1つ選び，その記号を書きなさい。(8点)

ア Ⅰ−A Ⅱ−B Ⅲ−C Ⅳ−D　　**イ** Ⅰ−B Ⅱ−A Ⅲ−D Ⅳ−C

ウ Ⅰ−D Ⅱ−A Ⅲ−B Ⅳ−C　　**エ** Ⅰ−C Ⅱ−A Ⅲ−B Ⅳ−D

(1)	①		②		③	
(2)			(3)			

② 次のA〜Cの文を読んで，あとの問いに答えなさい。

A 倭の30余りの小国を治めた女王が，魏に使者を送り「親魏倭王」という称号と金印，銅鏡100枚などをあたえられた。

B 聖徳太子は，対等な立場で国交を結ぶことをめざして使者を派遣し，進んだ文化を取り入れるために，留学生や僧を送った。

C 漢に使者を送って，金印を授けられた。

(1) **A**の文について，この女王の名前を書きなさい。(5点)

(2) **B**の文について，この当時の中国の王朝名を書きなさい。(5点)

(3) **A〜C**のできごとを年代の古い順に並べ，その記号を書きなさい。(10点)

(1)		(2)		(3)	→	→

入試に出る！ ❸ 次の資料を読んで，あとの問いに答えなさい。(愛知県)

資料

　①鑑真は，日本へ渡ろうとして何度も失敗しましたがあきらめず，ついに日本に渡来して唐招提寺を建立するなど，日本の仏教の発展につくしました。

　鑑真が渡来した時期の日本では大陸との交流が深まり，国際的影響を受けた文化が栄えました。このころの文化は，②聖武天皇の時代の年号をとって（　　　）文化とよばれています。

難 (1) ①鑑真が渡来した年代とほぼ同じ時期の日本のできごとについて述べた文として最も適当なものを，次の**ア～エ**の中から1つ選び，その記号を書きなさい。(10点)

ア　朝廷は，人々に開墾をすすめるために，墾田永年私財法を出した。

イ　中大兄皇子と中臣鎌足が，蘇我氏をたおして新しい政治のしくみをつくる改革を始めた。

ウ　藤原頼通が，摂政や関白の役職について朝廷の実権をにぎった。

エ　坂上田村麻呂は，征夷大将軍に任じられて東北地方の蝦夷の反乱をしずめた。

(2) 次の文章は，②聖武天皇の時代の地方の政治のしくみについて述べたものです。文章中の（　**A**　），（　**B**　）にあてはまることばの組み合わせとして最も適当なものを，あとの**ア～エ**の中から1つ選び，その記号を書きなさい。(10点)

　　朝廷は，中央の貴族を（　**A**　）として地方の国々に派遣し，政治を行わせた。また，（　**B**　）を九州に置いて九州地方をまとめるとともに，唐などとの外交の窓口とした。

ア **A** 守護　**B** 多賀城　　**イ** **A** 守護　**B** 大宰府
ウ **A** 国司　**B** 多賀城　　**エ** **A** 国司　**B** 大宰府

(3) **資料**の文章中の（　　　）にあてはまる最も適当なことばを，漢字2字で答えなさい。(10点)

(1)		(2)		(3)	

❹ 奈良時代によまれた次の和歌を見て，あとの問いに答えなさい。(福島県)

　　可良己呂武　須宗尓等里都伎　奈苦古良乎
　　（から衣　すそに取りつき　泣く子らを）
　　意伎弖曽伎怒也　意母奈之尓志弖
　　（置きてぞ来ぬや　母なしにして）

(1) この和歌では，漢字を使って一字一音で日本語を書きあらわしています。このような表記方法が多く使用され，奈良時代に大伴家持によってまとめられたといわれる，現存する日本最古の和歌集は何ですか。(10点)

(2) この和歌は，唐や新羅からの攻撃に備えて九州北部に送られた兵士がよんだものです。このような九州地方の防備の目的で派遣された兵士のことを何といいますか。(10点)

(1)		(2)	

① 武家政治の成立

STEP 1 要点チェック

テスト1週間前から確認!

1 武士の登場と院政

① **武士の登場**…土地争いから豪族が武装→**武士**の登場→**武士団**へ成長。
● **平将門の乱**や**藤原純友の乱**を武士の力を借りて鎮圧，**源氏**と**平氏**が有力になる。
② **院政** よくでる
● 1086年，**白河上皇**が，天皇の地位をゆずって上皇となった後も政治を動かす**院政**を始める。
● 天皇家の争いである**保元の乱**（1156年）や，貴族間の対立である**平治の乱**（1159年）を武士どうしの戦いで解決したことで，武士が政治上で力をもつ。
③ **平氏政権**…1167年，**平清盛**が**太政大臣**となり政治の実権をにぎる。**日宋貿易**を行う→貴族や寺社，武士らが反発→源頼朝が挙兵，弟の**源義経**らを派遣し，壇ノ浦で平氏をほろぼす。

2 武家政治の成立 おぼえる!

① **鎌倉幕府の成立**…源頼朝が**守護・地頭**を設置し，鎌倉幕府を開く。**奥州藤原氏**をほろぼし，1192年，**征夷大将軍**に任じられる。御恩と奉公による将軍と**御家人**の主従関係を結ぶ→**封建制度**。
　└中尊寺金色堂
② **執権政治**…頼朝の死後，妻・**北条政子**の実家である北条氏が一族で**執権**の地位を独占し，幕府の実権をにぎる。
● **承久の乱**（1221年）…**後鳥羽上皇**が挙兵→幕府が上皇軍を破る→京都に**六波羅探題**を設置。
③ **御成敗式目〔貞永式目〕**…1232年，執権の**北条泰時**が制定。武士の法律の手本となる。
　└御家人の裁判の基準を示す

▼ 御恩と奉公

```
        領地を認め，手が
        らによって新しい
        領地をあたえる
将 ──────御恩──────→ 御
軍 ←─────奉公────── 家
        将軍のために       人
        命をかけて戦う
```

テストの 要点 を書いて確認　空欄にあてはまる言葉を書こう

別冊解答 P.4

年代	できごと
935	関東で ① の乱が起こる
1086	白河上皇が ② を始める
1185	平氏がほろぶ
	源頼朝が国ごとに ③ ，
	公領・荘園ごとに ④ を設置する
1192	源頼朝が ⑤ に任じられる
1221	後鳥羽上皇が ⑥ を起こす
1232	北条泰時が ⑦ を定める

● 鎌倉幕府のしくみ

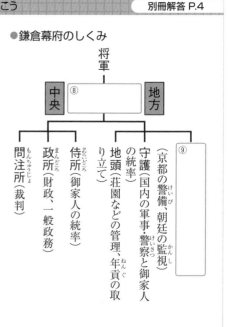

```
              将軍
        ┌──────┼──────┐
       中央   ⑧      地方
              │
    ┌────┬────┬────┐
  問注所  政所  侍所  地頭 守護 ⑨
 （裁判）（財政，（御家人（荘園な（国内の（京都の
       一般政務）の統率）どの管理，軍事・警備，朝廷
             年貢の取 察と御家 の監視）
             り立て） 人の統率）
```

STEP 2 基本問題

得点 ／100点

1 次の問いに答えなさい。(5点×2)

(1) 地方で領地を拡大し，朝廷にも勢力をのばした武士が家来をまとめて成長した，源氏や平氏のような集団を何といいますか。

[ ]

(2) 10世紀の半ばに関東(かんとう)で反乱を起こした人物にあてはまるものを，次のア～エの中から1つ選び，その記号を書きなさい。

ア 藤原純友　　イ 菅原道真(すがわらのみちざね)
ウ 坂上田村麻呂(さかのうえのたむらまろ)　　エ 平将門

[ ]

2 次の文章を読み，(①)～(④)にあてはまる語句を書きなさい。

(10点×4)

　11世紀後半には源氏が，12世紀前半には(①)がそれぞれ勢力をのばした。このころ，朝廷では白河(しらかわ)上皇が始めた(②)が続いており，上皇が力をもっていた。
　やがて政治の実権(じっけん)をめぐる争いが起こり，平治の乱で勢力を広げた(①)の中心人物である(③)が，武士としてはじめて(④)となり，武家(ぶけ)政権(せいけん)を開いた。

① [ ]　　② [ ]
③ [ ]　　④ [ ]

3 右の図を見て，次の問いに答えなさい。

(1) Aについて，次の問いに答えなさい。(10点×2)
① Aにあてはまる語句を書きなさい。
[ ]
② Aの地位を独占した一族を何といいますか。[氏]

(2) B，Cにあてはまる語句をそれぞれ書きなさい。(5点×2)
B [ ]　C [ ]

(3) 図中の御家人が将軍に行う奉公の例を1つ書きなさい。(10点)
[ ]

(4) 図中の六波羅探題が置かれるきっかけとなった戦乱を何といいますか。(10点)
[ ]

将軍―A

中央

地方

問注所(裁判)

政所(財政，一般政務)(まんどころ)

侍所(御家人の統率)(さむらいどころ)

年貢の取り立て

C(荘園などの管理，年貢の取り立て)

B(国内の軍事・警察，御家人の統率)

朝廷の監視

六波羅探題(ろくはらたんだい)(京都の警備，朝廷の監視)

1
(2) 同じころに，瀬戸内海で反乱を起こしたのは，藤原純友である。

2
白河天皇は，天皇の位をゆずって上皇となったあと，摂政(せっしょう)や関白(かんぱく)の勢力をおさえて政治を行った。

3
(3) 将軍に忠誠をちかう武士を，御家人といい，奉公を行った。
(4) この戦乱を起こしたのは，後鳥羽上皇である。この戦乱以降，鎌倉幕府の支配は西国まで広がった。

STEP
3
得点アップ問題

テスト
3日前
から確認!

別冊解答 P.4

得点

／100点

1 次の2つの文を読んで，あとの問いに答えなさい。

・10世紀中ごろ，朝廷は，武士の力を借りて，a地方武士の反乱をおさえたことから武士の成長がみられた。

・11世紀後半，後三条天皇が政治改革を行った。その後，b白河天皇は，天皇の位をゆずったあとも上皇として，政治を行い続けた。

(1) 下線部aについて，瀬戸内海で武士団を率いて乱を起こした人物はだれですか。(5点)

(2) 下線部bについて，このような政治を何といいますか。(5点)

(3) 下線部bの政治について述べた文として正しいものを，次のア〜エの中から1つ選び，その記号を書きなさい。(5点)

ア 都を平安京に移し，政治の立て直しをはかった。

イ 国ごとに国分寺・国分尼寺を建てた。

ウ 荘園を保護したので，上皇のもとに多くの荘園が集まった。

エ 摂政・関白という職について，天皇にかわって政治を行った。

(1)		(2)		(3)	

2 右の年表を見て，次の問いに答えなさい。

(1) 年表中の（ ① ），（ ② ）にあてはまる語句を書きなさい。(5点×2)

(2) 次の文は年表中のA・Bのどちらの乱について述べたものですか。記号で答えなさい。(5点)
「上皇と天皇が対立し，天皇方が勝利した戦いである」

年代	できごと
1156	（ ① ）の乱が起こる………A
1159	（ ② ）の乱が起こる………B
1167	平清盛が政治の実権をにぎる…C

(3) 年表中のCについて，次の問いに答えなさい。(5点×3)

① このとき平清盛が，武士として初めてついた役職名を書きなさい。

② 平清盛が貿易を行った中国の王朝名を答えなさい。

③ 平清盛が②と貿易を行うために整備した港の位置を，右の地図中のア〜エの中から1つ選び，その記号を書きなさい。

(1)	①		②		(2)	
(3)	①		②		③	

3 次の文を読んで，あとの問いに答えなさい。

平氏をほろぼした源頼朝は，1192年に征夷大将軍に任じられた。頼朝は，a主従関係を結んだ武士を統制し，b政治のしくみを整えていった。

(1) 下線部aについて，このような武士を何といいますか。(5点)

(2) 下線部bについて，鎌倉幕府の中央に置かれた役所は3つあります。政所，問注所とあと1つは何といいますか。(5点)

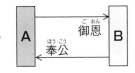

(3) 右の図は，鎌倉幕府の主従関係をあらわしている。この図について，次の問いに答えなさい。(5点×3)

① 図中のAにあてはまる語句を書きなさい。

② 次の文があてはまるのは，A・Bのどちらですか。

「いざ，鎌倉」というときには命がけで戦う。

③ 図のような関係で成立している社会制度を何といいますか。

(1)			(2)		
(3)	①		②		③

4 右の資料は，北条政子が行った演説である。これを読んで，次の問いに答えなさい。

(1) 文中の（　）にあてはまる人物を，次のア～エの中から1つ選び，その記号を書きなさい。(5点)

ア　後白河上皇　　イ　後鳥羽上皇
ウ　平清盛　　エ　源義経

> みなこころを一つにして聞きなさい。頼朝殿が平氏を征伐して幕府を開いて以降，そのご恩は山よりも高く，海よりも深いものです。…いま名誉を重んじる者は源氏三代の将軍が築き上げたものを守りなさい。（　）方につきたいと思う者は今すぐ申し出なさい。　　（部分要約）

(2) 鎌倉幕府が(1)の人物を破った戦いを何といいますか。(5点)

(3) (2)の戦いのあと京都に置かれた六波羅探題の役割を説明しなさい。(5点)

(1)		(2)		
(3)				

5 右の資料を読んで，次の問いに答えなさい。

(1) この法令の名称を答えなさい。(5点)

(2) この法令の下線部は，源頼朝が国ごとに置いた職です。荘園や公領ごとに置いた職を何といいますか。(5点)

(3) この法令を定めた人物を，次のア～エの中から1つ選び，その記号を書きなさい。(5点)

> 一　諸国の守護の職務は，頼朝公の時代に定められたように，京都の警備と謀反や殺人などの犯罪人を取りしまることである。　　（部分要約）

ア　北条時宗　　イ　北条泰時　　ウ　北条時政　　エ　北条義時

(1)		(2)		(3)	

② 鎌倉時代の文化と仏教

STEP 1 要点チェック

テスト1週間前から確認!

1 鎌倉時代の人々のくらし

① **武士**…惣領を中心にまとまり，塀や堀のある屋敷に住み武芸の訓練をした。領地は分割相続。

② **農民のくらし**…荘園や公領の領主と**地頭**の二重の支配を受けた。

● **農業**…牛馬を使った耕作や鉄製農具の普及。草木の灰の肥料。**二毛作や商品作物**の栽培開始。
└ 売るために育てる作物

● **商業**…寺社の門前や交通の要所で**定期市**を開催。貨幣は**宋**などから輸入された。

2 鎌倉時代の文化　よくでる

① **鎌倉時代の文化**…従来の貴族中心の文化に加え，支配者となった武士の気風を反映した，**親しみやすく，力強い文化**が発達。

② **文芸**…『**新古今和歌集**』，軍記物の『**平家物語**』，随筆の『**徒然草**』
└ 琵琶法師が広める
（**兼好法師**）や『**方丈記**』（**鴨長明**）。

③ **建築・美術**…東大寺南大門に置かれた**金剛力士像**，似絵。
└ 運慶らによってつくられた

3 鎌倉時代の仏教　よくでる

① **新しい仏教**…簡単で実行しやすく，多くの人に受け入れられた。

● **浄土宗（法然）**…念仏を唱えれば極楽浄土に生まれ変われる。
└ 南無阿弥陀仏

● **浄土真宗（親鸞）**…自分の罪を自覚した悪人こそ救われる。

● **時宗（一遍）**…踊念仏を行って人々に念仏信仰をすすめる。

● **日蓮宗〔法華宗〕（日蓮）**…題目を唱えれば人も国家も救われる。
└ 南無妙法蓮華経

● **禅宗（栄西，道元）**…座禅によってさとりを開く。

資料 **金剛力士像**

鎌倉時代の文化の特徴である，力強さが表現されている。

©00947AA

テストの **要点** を書いて確認　　空欄にあてはまる言葉を書こう　　別冊解答 P.5

● 鎌倉文化

	作品	内容
文芸	『 ① 　　　』	藤原定家らが編集。
	『 ② 　　　』	琵琶法師が広めた軍記物。
	『徒然草』	③ 　　　　　　の随筆。
	『方丈記』	④ 　　　　　　の随筆。
建築・美術	⑤	運慶らによってつくられ，⑥ 　　　　　　に置かれた像。
	⑦	写実的な肖像画

● 新しい仏教

宗派	人物
⑧	法然
⑨	親鸞
⑩	一遍
⑪	日蓮
⑫	栄西道元

得点

／100点

1 次のA～Cの文を読み，下線部の語句が正しければ○を，間違っていれば正しい語句を書きなさい。(10点×3)

A 鎌倉時代には，<u>地頭</u>となった武士は農民を勝手に支配して重い負担を負わせ，荘園領主と対立することも多かった。

B 鎌倉時代になると，農耕に牛馬が利用され，<u>青銅製</u>の農具がいっそう広まっていった。

C 鎌倉時代には，商業が発達し，物の売り買いに中国から輸入された<u>富本銭</u>が使用された。

A [   ]　　B [   ]　　C [   ]

1
A紀伊の阿氐河荘の農民が荘園領主にうったえ出た例もある。
C「中国から輸入された」という点がポイント。このころ，日本では貨幣はつくられていなかった。

2 次の文章を読み，あとの問いに答えなさい。

　　鎌倉時代には，<u>a公家が伝統文化を受けつぐ</u>とともに，台頭してきた武士や民衆の支持を得た（　　　　）文化が発達した。<u>b運慶らによってつくられた金剛力士像</u>は武士の気風を反映した彫刻作品である。

(1) 下線部aについて，鎌倉時代の公家文化の代表的な作品を，次のア～エの中から1つ選び，その記号を書きなさい。(10点)

ア 『万葉集』　　イ 『古今和歌集』
ウ 『源氏物語』　　エ 『新古今和歌集』　　[   ]

(2) 文中の（　　　　）にあてはまる文を，次のア～エの中から1つ選び，その記号を書きなさい。(10点)

ア 仏教と唐の文化の影響が強い　　イ 日本の風土や感情に合った
ウ 日本で最初の仏教を中心とする
エ 親しみやすく，力強い印象をあたえる　　[   ]

(3) 下線部bの金剛力士像が置かれている建築物を何といいますか。(10点)

[   ]

2
(1) 後鳥羽上皇の命令で，藤原定家らが編集した。
(3) 宋から伝わった新しい建築様式で建てられた。

3 右の表は鎌倉仏教についてまとめている。a～dにあてはまるものを，次のア～エの中から1つずつ選び，その記号を書きなさい。(10点×4)

ア 座禅をする
イ 念仏を唱える
ウ 法華経の題目を唱える
エ 踊念仏を行う

宗派	人物	内容
浄土宗	法然	a
浄土真宗	親鸞	
時宗	一遍	b
日蓮宗	日蓮	c
禅宗	栄西，道元	d

a [   ]　　b [   ]
c [   ]　　d [   ]

3
「南無阿弥陀仏」と唱えると極楽浄土に往生できるという教えや，「南無妙法蓮華経」と唱えると人も国家も救われるという教えなどが説かれた。

STEP
3
得点アップ問題

テスト
3日前
から確認!

別冊解答 P.5

得点

／100点

1 次の問いに答えなさい。

(1) 鎌倉時代の武士のくらしについて正しく述べているものを，次の**ア～ウ**の中から1つ選び，その記号を書きなさい。(5点)

ア 平和な時代となったので，武士は武器を捨てて農業に専念するようになった。

イ 荘園や公領に置かれた武士の館には，防御の備えがあった。

ウ 武士の一族の財産は兄弟の間で分割相続されたが，女子には相続権がなかった。

(2) 次の文中の①～③にあてはまる語句を，あとの**ア～カ**の中から1つずつ選び，その記号を書きなさい。(5点×3)

> 農民は　　①　　や公領の領主に　　②　　を納めたが，　　③　　となって進出してきた武士から夫役を課せられるなど，二重の支配を受けるようになった。

ア 守護　　**イ** 地頭　　**ウ** 荘園　　**エ** 口分田　　**オ** 租　　**カ** 年貢

(3) 鎌倉時代の農業や商業のようすとしてあてはまるものを，次の**ア～オ**の中から2つ選び，その記号を書きなさい。(6点×2)

ア 石包丁などの農具が広まった。

イ 寺社の門前や交通の要地で定期市が開かれた。

ウ 米と麦の二毛作が始まった。

エ 農民は雑徭などの労役や防人などの兵役を負担した。

オ 収穫した稲を高床の倉庫に貯蔵した。

(1)		(2) ①		②		③		(3)		

2 次の問いに答えなさい。

(1) 鎌倉時代の新しい仏教が多くの人々の心をとらえた理由を簡単に説明しなさい。(6点)

(2) 次の①～③の人物が開いた宗派を，あとの**ア～オ**の中から1つずつ選び，その記号を書きなさい。(5点×3)

① 法然　　② 親鸞　　③ 一遍

ア 臨済宗　　**イ** 浄土真宗　　**ウ** 時宗

エ 浄土宗　　**オ** 日蓮宗〔法華宗〕

(1)			
(2) ①		②	③

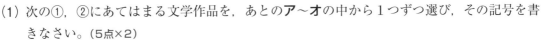

3 次の問いに答えなさい。

よく
でる

(1) 次の①，②にあてはまる文学作品を，あとの**ア〜オ**の中から１つずつ選び，その記号を書きなさい。（5点×2）

① 後鳥羽上皇の命令で編集された，藤原定家や西行などの歌を収めた和歌集。

② 鴨長明が社会のむなしさをあらわした随筆。

ア 『方丈記』　　**イ** 『枕草子』　　**ウ** 『万葉集』　　**エ** 『新古今和歌集』

オ 『徒然草』

(2) 右の資料について，次の①〜③の問いに答えなさい。

① 資料は，ある文学作品の冒頭です。この文学作品を何といいますか。（5点）

② 資料の文学作品は武士の活躍をえがいています。このような文芸を何といいますか。（5点）

③ 資料の文学作品を語り伝えた人々を何といいますか。（6点）

> 祇園精舎の鐘の声，諸行無常の響きあり。
>
> 娑羅双樹の花の色，盛者必衰のことわりをあらわす。
>
> おごれる人も久しからず，ただ春の夜の夢のごとし。
>
> たけき者もついには滅びぬ，ひとえに風の前の塵に同じ。

(3) 次の写真を見て，あとの①〜④の問いに答えなさい。

写真1

©00946AA

写真2

©00947AA

① **写真1**の建築物にあてはまるものを，次の**ア〜エ**の中から１つ選び，その記号を書きなさい。（5点）

ア 正倉院宝庫　　**イ** 中尊寺金色堂　　**ウ** 唐招提寺　　**エ** 東大寺南大門

難 ② **写真1**の建築物は，どこの国からもたらされた建築様式でつくられましたか。次の**ア〜エ**の中から１つ選び，その記号を書きなさい。（6点）

ア 漢　　**イ** 隋　　**ウ** 唐　　**エ** 宋

③ **写真2**は，**写真1**の建築物に置かれている彫刻作品です。この彫刻作品を何といいますか。（5点）

④ **写真2**を制作した人物を，次の**ア〜エ**の中から１つ選び，その記号を書きなさい。（5点）

ア 紀貫之　　**イ** 行基　　**ウ** 運慶　　**エ** 兼好法師

(1)	①		②		(2)	①	
(2)	②					③	
(3)	①		②		③		
	④						

③ 鎌倉幕府の滅亡と室町幕府

STEP 1 要点チェック

テスト 1週間前 から確認!

1 元寇と鎌倉幕府の滅亡

① **モンゴル帝国**…**チンギス・ハン**が建国。フビライ・ハンが都を**大都**に移し，国号を**元**とする

② **元寇** よくでる

● 元が日本に服属を要求→執権の**北条時宗**が拒否→
1274年の**文永の役**，1281年の**弘安の役**の元寇。
　　　　　　　　　　文永の役ののち，海岸に石塁を築く

③ **鎌倉幕府の滅亡** おぼえる!

● 御家人の生活が困窮。（永仁の）**徳政令**で御家人の借
　└分割相続で領地縮小。元寇の恩賞も不十分で不満
金を帳消し→効果は一時的。かえって不満が高まる。

● 幕府に従わない**悪党**という武士が出現。

● 1333年，**後醍醐天皇**が，**楠木正成**，**足利尊氏**，新田義
貞らの協力で鎌倉幕府をほろぼす。

資料

元軍との戦いのようす

日本軍は元軍の集団戦法 や優れた火器に苦戦。

2 南北朝の動乱と室町幕府

① **南北朝の動乱**…後醍醐天皇による**建武の新政**→武士の不満が高まる→足利尊氏が京都に新たな
　　　　　　　　　　　　　　　　　　　　└公家を重視
天皇を立て（**北朝**），後醍醐天皇が吉野にのがれる（**南朝**）→対立が続く**南北朝時代**に。

② **室町幕府** よくでる

● 1338年，足利尊氏が**征夷大将軍**となり幕府を開く→守護大名の台頭→**足利義満**が**南北朝統一**。

● 幕府のしくみ…将軍の補佐役に**管領**。関東の地域を支配する**鎌倉府**。

3 東アジアの動き

① **中国**…**明**がモンゴル民族を追い出す。足利義満が**倭寇**を取り締まり，**日明貿易（勘合貿易）**。
　　　　　　　　　　　　　　　　　　　└朝鮮半島や中国沿岸で海賊行為　　　　　└正式な貿易船は勘合をもつ

② **朝鮮半島**…**李成桂**が**朝鮮国**を建国→**ハングル**がつくられ，日本とも貿易。

③ **琉球**では**尚氏**が**琉球王国**を建国→**中継貿易**を行う。蝦夷地では**アイヌ民族**が生活。

テストの要点を書いて確認　空欄にあてはまる言葉を書こう

別冊解答 P.6

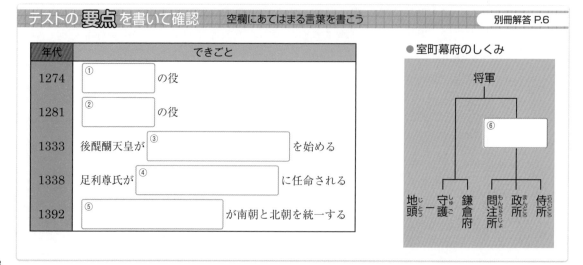

年代	できごと
1274	① 　　　　　の役
1281	② 　　　　　の役
1333	後醍醐天皇が③ 　　　　　を始める
1338	足利尊氏が④ 　　　　　に任命される
1392	⑤ 　　　　　が南朝と北朝を統一する

● 室町幕府のしくみ

```
              将軍
               │
              ⑥
         ┌──┬──┬──┬──┬──┐
        地 守 鎌 問 政 侍
        頭 護 倉 注 所 所
            一 府 所
```

別冊解答 P.6

STEP 2 基本問題

テスト 5日前 から確認！

得点
／100点

1 右の地図を見て，次の問いに答えなさい。

(1) 地図中の**A**は13世紀はじめに建国された帝国の最大領域を示しています。この帝国を何といいますか。(10点)

（13世紀ごろ）
□ A
▨ B

(2) 地図中の**B**はフビライ・ハンが皇帝であった国です。この国を何といいますか。(10点)

(3) 地図中の**B**が1274年と1281年に大軍を率いて九州北部に襲来したことを何といいますか。(10点)

(4) 地図中の**B**の軍が1274年に襲来したあと，幕府は再度の襲来に備え，海岸に何を築きましたか。(10点)

(5) (3)のあと，幕府が出した徳政令とはどのような法令ですか。次の**ア**〜**ウ**の中から1つ選び，その記号を書きなさい。(10点)
ア 年貢を増やす法令　**イ** 借金を帳消しにする法令
ウ 開墾した土地を永久に私有してもよいという法令

2 右の年表を見て，次の問いに答えなさい。

(1) 下線部**a**が重視したものを，次の**ア**〜**エ**の中から1つ選び，その記号を書きなさい。(10点)
ア 武士　**イ** 農民
ウ 商人　**エ** 公家

年代	できごと
1333	a 建武の新政が始まる
1336	b 朝廷が2つに分かれる
1338	（ c ）が征夷大将軍に任命される
1404	d 日明貿易が始まる

(2) 下線部**b**について，吉野方を何といいますか。(10点)

(3) （ **c** ）にあてはまる人物はだれですか。(10点)

(4) 下線部**d**について，次の問いに答えなさい。(10点×2)
① 証明書を使って貿易を行ったことから，この貿易を何といいますか。その証明書の名前を使って書きなさい。
② この貿易を始めたのはだれですか。

1
(1) チンギス・ハンが建国。
(2) フビライ・ハンは，チンギス・ハンの孫で，(1)の第5代皇帝。
(3) 文永の役（1274年）と弘安の役（1281年）。
(4) 弘安の役では地図中の**B**の軍はこの防備のおかげもあり，上陸できなかった。
(5) 徳政令で御家人の生活は改善されず，かえって混乱を招く結果となった。

2
(1) 建武の新政は約2年で失敗に終わった。
(2) 吉野は現在の奈良県にある。
(4) ① 証明書は，正式な貿易船であることを証明するために用いられた。

1 次の文を読んで，あとの問いに答えなさい。

> a元軍の襲来のころから，日本の社会は大きく変動した。近畿地方には，b幕府に従わず，荘園を襲って年貢をうばうなどした武士があらわれた。また，c幕府を支えていた御家人の生活が苦しくなったため，d幕府はこれを救済しようとした。しかし北条氏の失政が続いて，御家人の心は幕府から離れていった。このような中，朝廷に実権を取りもどそうとした天皇が倒幕をはかり，e武士の協力も得て，1333年に鎌倉幕府をほろぼした。

(1) 下線部aについて，次の問いに答えなさい。

① 右の絵は，元軍が九州北部に襲来したときのようすをえがいています。元軍が二度襲来したことを何といいますか。（6点）

② 絵の戦いのようすについて，正しく述べているものを，次のア〜エの中から1つ選び，その記号を書きなさい。（5点）

ア 日本軍は，絵の左側の兵士たちである。

イ 元軍は集団戦法をとり，火器を使用した。

ウ 日本軍の兵士は，身軽で動きやすい装備である。

エ 日本軍は元軍に敗れ，九州をうばわれた。

(2) 下線部bのような武士を何といいますか。（5点）

(3) 下線部cの原因を，次のア〜エの中から2つ選び，その記号を書きなさい。（6点×2）

ア 分割相続のくり返しで領地が小さくなっていたから。

イ 公地・公民のもとで，領地を取り上げられたから。

ウ 重い負担をのがれるため，領地内の民衆が逃亡したから。

エ 元軍の襲来で大きな負担を強いられたが，恩賞を得られなかったから。

資料

> 所領の質入れや売買は，御家人の生活が苦しくなるもとなので，今後は禁止する。（中略）御家人以外の武士や庶民が御家人から買った土地については，売買後の年数にかかわりなく，返さなければならない。（部分要約）

(4) 右上の資料は，下線部dのために幕府が出した法令です。この法令を何といいますか。（5点）

(5) 下線部eについて，倒幕に協力した武士を，次のア〜エの中から1つ選び，その記号を書きなさい。（5点）

ア 楠木正成　　イ 源頼朝　　ウ 藤原純友　　エ 平清盛

(1)	①		②		(2)	
(3)			(4)		(5)	

2 次の文を読んで，あとの問いに答えなさい。

> 鎌倉幕府の滅亡後，　**A**　は，a天皇中心の新たな政治を行った。しかし，b武士たちの不満が広がり，　**B**　が武家政治の再興をよびかけたので，天皇の政治はわずか2年ほどでくずれた。　**B**　が新たに天皇を立てると，　**A**　は都をのがれたので，c2つの朝廷が生まれ，たがいに武士を味方につけて争いを続けた。
> 　**B**　は征夷大将軍に任じられて幕府を開いたが，このとき，d守護の権限を強めて全国の武士をまとめようとした。　**B**　の孫の　**C**　が将軍になったころ，南北朝が統一され，動乱が終わった。

(1) 　**A**　にあてはまる天皇はだれですか。(5点)

(2) 下線部aの政治を何といいますか。(5点)

(3) 下線部bの理由を，次の**ア**〜**ウ**から1つ選び，その記号を書きなさい。(5点)
　ア 武士社会の慣習を無視した公家中心の政策が続いたから。
　イ 元軍の襲来に備えた警護の負担が重かったから。
　ウ 武士の力を借りて鎌倉幕府をたおしたのに，武士と公家が対等にあつかわれたから。

(4) 　**B**　，　**C**　にあてはまる人物を，それぞれ答えなさい。(5点×2)

(5) 下線部cについて，　**A**　の朝廷は現在の何県にありましたか。(6点)

(6) 下線部dについて，領地を拡大し，家来を増やした守護を何といいますか。(5点)

(1)		(2)		(3)	
(4)	B		C		(5)	
(6)					

3 右の地図を見て，次の問いに答えなさい。

(1) 明と日本が勘合という証明書を使って貿易を行った理由を，地図中のAの進路をとって海賊行為をはたらいた集団の名を明らかにして，説明しなさい。(10点)

(2) 地図中のBは，高麗にかわって建てられた国です。Bの国を何といいますか。(6点)

(3) 地図中のCの地域に尚氏が建てた国を何といいますか。(5点)

(4) 地図中のDの地域に古くから住み，狩猟や漁業を行っていた民族を何といいますか。(5点)

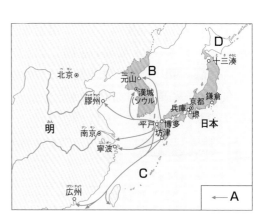

(1)				
(2)		(3)		(4)	

4 産業の発達と民衆文化

STEP 1 要点チェック

テスト1週間前から確認!

1 産業の発達と村の自治

① **農業・手工業**…**二毛作**の広まり，水車を使ったかんがいや肥料の使用などで収穫量が増加。麻，くわ，あい，茶の栽培が広がる。特産物の生産や鍛冶・鋳物業がさかんになる。

● **定期市**の開催日が増加。**馬借や問〔問丸〕**，**土倉や酒屋**がさかんに。港町や**門前町**が発達。
〈宋銭や明銭を使用〉〈運送業・倉庫業〉〈高利貸し〉

● **座**…商人・手工業者の同業者団体→武士や貴族，寺社に税を納め，保護を受けて営業を独占。

② **村の自治**…自治的組織の**惣**ができ，**寄合**で村のおきてを定める→団結して抵抗（**土一揆**）。

● **一揆**…**正長の土一揆**で幕府に徳政令要求。**山城国一揆**や加賀の**一向一揆**で自治の獲得。
〈浄土真宗〔一向宗〕の信徒による〉

2 応仁の乱と戦国大名 よくでる

① **応仁の乱**…足利義政のあとつぎ問題→有力守護大名（細川氏・山名氏）の対立→1467年，応仁の乱が始まる→戦乱が京都から全国へ→**戦国時代**に**下剋上**の風潮が広まり，戦国大名が登場。
〈身分が下の者が，実力で身分の上の者に打ち勝つ風潮〉

② **戦国大名**…強力な軍隊をもち，領国を統一して支配。**城下町**を築き，**分国法**を定める。

③ **自治都市**…**堺**・博多（港町）。京都で**町衆**による自治。**石見銀山**（島根県）で産出額が増加。

3 室町時代の文化 おぼえる!

① **特色**…公家と武家の文化の融合。民衆への文化の広がり。

② **芸能・文芸**…**観阿弥・世阿弥**親子が**能**を大成。能の合間に**狂言**。『**一寸法師**』などの**御伽草子**。**連歌**。

③ **建築・美術**…足利義満の**金閣**（**北山文化**）。足利義政の**銀閣**（**東山文化**）。東求堂同仁斎は代表的な**書院造**。**雪舟**が**水墨画**で日本各地の風景をえがく。

④ **その他**…茶の湯，生け花，造園など。

資料
東求堂同仁斎
障子／ふすま／ちがい棚／畳
現代の和風住宅に取り入れられている。

テストの 要点 を書いて確認 空欄にあてはまる言葉を書こう

別冊解答 P.7

●戦国時代の流れ

```
将軍のあとつぎ争い
       ↓
有力 ①［　　　　　　］の対立
       ↓
②［　　　　　　　　　　］（1467年）
       ↓
戦乱が全国に広がる
       ↓
③［　　　］大名の登場
```

●室町時代の文化

能	観阿弥・④［　　　　　　］親子が，猿楽・田楽などの芸能から大成。
⑤［　　　　］	『一寸法師』などの絵入り物語。
⑥［　　　　］	足利義満が建てた。
⑦［　　　　］	足利義政が建てた。
水墨画	⑧［　　　　］が大成した。

基本問題

別冊解答 P.7

得点

／100点

1 次のA～Dにあてはまるものを，あとのア～エの中からそれぞれ1つずつ選び，その記号を書きなさい。(10点×4)

A　馬借　　B　土倉　　C　惣　　D　座

ア　村の自治組織　　イ　陸上の運送業者　　ウ　高利貸し

エ　営業を独占した同業者団体

A [　　　]　　B [　　　]　　C [　　　]　　D [　　　]

1
室町時代は，商業や手工業が発達するとともに，交通も発達した。

2 右の年表を見て，次の問いに答えなさい。

(1) 年表中のAについて，次の問いに答えなさい。(9点×2)

① 応仁の乱は室町幕府の将軍のあとつぎ問題が一因で起こりました。この将軍はだれですか。
[　　　　　　　　　]

② 応仁の乱で対立した，有力守護大名の組み合わせを，次のア～エの中から1つ選び，その記号を書きなさい。

ア　細川氏と山名氏　　イ　織田氏と今川氏
ウ　武田氏と上杉氏　　エ　毛利氏と長宗我部氏
[　　　　　　　　　]

年	できごと
1467	応仁の乱が始まる…………A
1485	（　B　）が起こる
1488	加賀で一向一揆が起こる…C

(2) 年表中の（　B　）にあてはまる，現在の京都府の南部で武士と農民が守護大名を追いはらったできごとを何といいますか。(9点)
[　　　　　　　　　]

(3) 年表中のCについて，一向一揆とはどの宗派の信者による一揆ですか。「一向」という語句を使わずに答えなさい。(9点)
[　　　　　　　　　]

2
(2) 山城で起こった。
(3) この宗派を一向宗ともいうが，別の名前で答えることに注意する。

3 次の文章を読み，あとの問いに答えなさい。

室町幕府の第3代将軍である（　①　）のころの室町文化を，北山文化という。能は北山文化を代表する芸能である。（　②　）と世阿弥の親子は，（　①　）の保護を受け，能の芸術性を高めた。また，北山文化を代表する建物として，（　①　）が建てた金閣がある。金閣には室町文化の特色がよくあらわれている。

(1) （　①　），（　②　）にあてはまる人物を答えなさい。(8点×2)
①[　　　　　　　]　　②[　　　　　　　]

(2) 下線部について，ここでいう室町文化の特色を，次のア～ウの中から1つ選び，その記号を書きなさい。(8点)

ア　日本で最初の仏教文化。　　イ　唐の文化の影響を受けた文化。
ウ　公家と武家の文化の融合。
[　　　　　　　　　]

3
(1) ①この人物が京都・北山の山荘に建てた金閣を中心にして栄えたので，北山文化とよぶようになった。
②世阿弥と名前が似ているので注意する。

STEP 3 得点アップ問題

1 次の問いに答えなさい。

(1) 室町時代の産業のようすについて述べた文として誤っているものを，次のア～エの中から1つ選び，その記号を書きなさい。(5点)

ア 定期市の開催日が増え，取り引きには和同開珎が使用された。

イ 米と麦の二毛作が各地に広まり，収穫量が増えた。

ウ 物資の陸上輸送をあつかう，馬借が活躍した。

エ 絹織物や陶器，紙などの特産物が，各地で生産されるようになった。

よくでる (2) 次の文中の □□□ にあてはまる語句を，それぞれ答えなさい。(5点×2)

① 商人や手工業者は，同業者ごとに □□□ という団体をつくり，貴族や寺社の保護を受け，営業を独占した。

② 京都の町政を行った □□□ という裕福な商工業者は，応仁の乱で中断されていた祇園祭を再興した。

(1)		(2)	①			②	

2 次の文を読んで，あとの問いに答えなさい。

> 室町時代，農業生産の向上とともに，農村では有力な農民を指導者とする a 自治組織 がつくられるようになり，農業用水や林野などに関するおきてを定めるなどした。b 団 結を強めた農民は， □□□ や守護大名に抵抗した。さらに c 山城国（京都府南部） では武士と農民が協力して武力で領国から守護大名を追い出し，自治を行った。また， d 加賀では武士や農民が守護大名をたおして，約100年にわたって自治を行った。

よくでる (1) 下線部 a の組織を何といいますか。(5点)

(2) 下線部 b について，次の問いに答えなさい。(5点×2)

① このような農民の動きを何といいますか。

② 文中の □□□ にあてはまる語句を書きなさい。

(3) 下線部 c について，このできごとを何といいますか。(5点)

(4) 下線部 d について，このできごとを行った武士や農民が信仰していた仏教の宗派は何ですか。(5点)

(1)		(2)	①		②	
(3)		(4)				

3 次の問いに答えなさい。

 (1) 右の資料はある戦国大名が出した独自の法律である。このような法律を何といいますか。(10点)

 (2) 戦国大名にあてはまらないものを，次の**ア**〜**エ**の中から1つ選び，その記号を書きなさい。(5点)

ア 上杉氏　　**イ** 武田氏
ウ 今川氏　　**エ** 藤原氏

(3) 戦国大名は応仁の乱以後の下剋上の風潮の中で登場してきました。下剋上とはどのような風潮ですか。簡単に説明しなさい。(10点)

> 一　けんかをした者は，いかなる理由によるものでも処罰する。
>
> 一　許可を得ないで他国へおくり物や手紙を送ることはいっさい禁止する。
>
> （甲州法度之次第）

(1)		(2)	
(3)			

4 次の問いに答えなさい。

(1) 右の写真を見て，次の問いに答えなさい。(6点×5)

① 右の写真は，京都の東山にある東求堂同仁斎のようすを示しています。ここに見られる部屋のつくりを何といいますか。

② 右の写真の部屋と現代の住宅の和室との共通点としてあてはまらないものを，次の**ア**〜**エ**の中から1つ選び，その記号を書きなさい。

ア 畳が敷かれている。　　　　**イ** ふすまで部屋を仕切っている。
ウ 窓がガラス戸になっている。　**エ** 障子が使われている。

③ 東求堂と同じ敷地内にある建物を，次の**ア**〜**エ**の中から1つ選び，その記号を書きなさい。

ア 金閣　　**イ** 銀閣　　**ウ** 東大寺南大門　　**エ** 中尊寺金色堂

④ ③の建物を建てた人物を，次の**ア**〜**エ**の中から1つ選び，その記号を書きなさい。

ア 足利尊氏　　**イ** 足利義満　　**ウ** 足利義教　　**エ** 足利義政

⑤ 東求堂同仁斎や③の建物が建てられたころの室町時代の文化を何といいますか。次の**ア**〜**エ**の中から1つ選び，その記号を書きなさい。

ア 国風文化　　**イ** 飛鳥文化　　**ウ** 天平文化　　**エ** 東山文化

(2) 室町時代には庶民の生活や感情をあらわした文化が発達しました。このような文化にあてはまるものを，次の**ア**〜**エ**の中から1つ選び，その記号を書きなさい。(5点)

ア 民衆の生活や感情をあらわした狂言が演じられた。
イ 金剛力士像などの力強い彫刻作品がつくられた。
ウ 『源氏物語』や『枕草子』などの文学作品が生まれた。
エ 農民や防人がよんだ和歌をまとめた『万葉集』が編集された。

(1)	①		②		③		④	
	⑤		(2)					

定期テスト予想問題

別冊解答 P.8 ｜ 目標時間 **40**分 ｜ 得点 ／ 100点

入試に出る！

① 鎌倉時代の人々の生活に関する次の問いに答えなさい。（静岡県）

文章記述 (1) **資料1**は，鎌倉時代に，紀伊国の荘園の農民が書いた訴状の一部である。**資料1**から，鎌倉幕府が成立したのちに，農民がだれから負担を課せられていたかが読み取れます。農民はだれから負担を課せられていましたか。**資料1**の中の語を用いて，鎌倉幕府が成立する前との違いがわかるように，簡単に書きなさい。（10点）

資料1

> 荘園領主様への材木の納入が遅れていることについてですが，地頭が，上京する時や近くでの工事の時などに人夫が必要だと言っては大勢の者をこき使いますので，暇がありません。残ったわずかの者で山から材木を運ぼうとしたところ，逃亡した農民の耕地に麦をまけと，地頭に追い返されてしまいました。
>
> （「高野山文書」より一部を要約）

文章記述 (2) 人々の間には新しい仏教が広まった。**資料2**は当時広まった2つの宗派と開いた人，その教えの一部を示しています。当時の人々の間に新しい宗教が広まった理由を，**資料2**からわかる，2つの宗派に共通してみられる特徴に着目して，簡単に書きなさい。（10点）

資料2

浄土宗…法然	一心に「南無阿弥陀仏」と念仏を唱えれば，救われる。
曹洞宗…道元	ひたすら座禅に打ち込めば，さとりを開くことができる。

(1)	
(2)	

② 次の問いに答えなさい。

(1) 次の系図を見て，あとの問いに答えなさい。（5点×2）

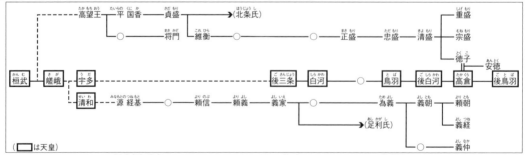

（ □ は天皇）

① 10世紀前半に関東地方で乱を起こしたが，武士の力を使った朝廷におさえられた人物を，系図中から選び，書きなさい。

② 11世紀後半に東北地方の大きな戦乱をしずめ，東日本に勢力をのばした人物を，系図中から選び，書きなさい。

(2) 次の文を読んで，あとの問いに答えなさい。（6点×5）

> 源頼朝は平氏をほろぼしたあと，平泉を中心に栄えていた豪族である奥州（　A　）氏もほろぼし，1192年に征夷大将軍に任じられた。頼朝はa鎌倉幕府を開き，武家政権を整えた。将軍はb配下の武士にc御恩をあたえ，武士はこれに対して（　B　）をした。幕府はこのような将軍と武士の主従関係によってささえられていた。

① （　A　）にあてはまる一族の名前を書きなさい。

 ② 下線部aについて，この幕府が置いた，幕府の財政などの役割をもっていた役所を何といいますか。

 ③ 下線部bについて，このような武士を何といいますか。

文章記述 ④ 下線部cについて，将軍の御恩のうち１つを，簡単に説明しなさい。

⑤ （　B　）にあてはまる語句を書きなさい。

(1)	①		②		
(2)	①		②		③
	④				⑤

3 右の室町幕府のしくみの図を見て，次の問いに答えなさい。

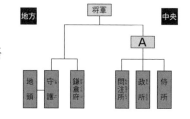

(1) 図中の**A**についてあとの問いに答えなさい。（5点×2）

① **A**は，将軍の補佐役があてはまる。**A**にあてはまる語句を書きなさい。

② 鎌倉幕府において，**A**と同じ役割をもっていた役職を，次の**ア〜エ**の中から１つ選び，その記号を書きなさい。

ア 六波羅探題　　**イ** 地頭　　**ウ** 執権　　**エ** 侍所

文章記述 (2) 守護はのちに守護大名に成長しました。守護大名について，簡単に説明しなさい。（10点）

(1)	①		②	
(2)				

4 花子さんは，鎌倉時代に徳政令が出された背景について調べ，次のようにまとめました。次の問いに答えなさい。（茨城県改）

〈まとめ〉

> 御家人の領地は，複数の子どもが　X　。さらに，２度にわたる　Y　との戦いがあり，御家人の生活は苦しくなった。

文章記述 (1) **資料**を参考に，〈まとめ〉の　X　にあてはまる内容を書きなさい。（10点）

(2) 〈まとめ〉の　Y　にあてはまる中国の王朝名を答えなさい。（10点）

資料　鎌倉時代の御家人の土地相続の例

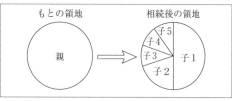

注）円グラフの例は，実際の相続の割合と異なる場合もある。

(1)	
(2)	

1 ヨーロッパ人の来航と天下統一

テストがある日
月　日

テスト
1週間前
から確認！

STEP 1 要点チェック

1 ヨーロッパの進出と宗教改革

① **中世ヨーロッパ**…ローマ**教皇**〔**法王**〕のカトリック教会が勢力を伸ばす→**聖地エルサレム**を取りもどすため**十字軍**を派遣→イスラム世界との接触で**ルネサンス**がおこる。
└レオナルド・ダ・ビンチ，ミケランジェロ

② **ヨーロッパの進出**…**コロンブス**が西インド諸島到達→**バスコ・ダ・ガマ**がインド航路開拓→**マゼラン船隊**が世界一周。

③ **宗教改革**…ローマ教皇が**免罪符**を売り出し，**ルター**や**カルバン**が批判。改革派は**プロテスタント**とよばれる。

資料

16世紀ごろの世界

□ スペインの領土
■ ポルトガルの領土

ポルトガル
コロンブスの航路
（1492～93年）
スペイン
マカオ
ゴア
マニラ
バスコ・ダ・ガマの航路
（1497～99年）
マゼランの航路
（1519～21年）
喜望峰
マゼランの部下の航路（1521～22年）

香辛料などを手に入れるため，ヨーロッパ人はアジアをめざした。

2 鉄砲とキリスト教の伝来

① **鉄砲**…1543年，種子島に漂着した**ポルトガル人**が伝える→**堺**・**国友**で生産。

② **キリスト教**…1549年，**イエズス会**のフランシスコ・ザビエルが来日，布教。
└カトリック教会

③ **南蛮貿易**…日本は生糸や絹織物，鉄砲，火薬，毛織物，時計などを輸入，銀を輸出した。

3 全国統一への道 よくでる

① **織田信長**…**桶狭間の戦い**で駿河の**今川義元**を破る→**室町幕府**をほろぼす→**長篠の戦い**で甲斐の武田氏を破る→**安土**城下で**楽市**・**楽座**を実施→**本能寺の変**で自害。キリスト教を保護。
└鉄砲を活用　└明智光秀が起こした

② **豊臣秀吉**…信長の後継者に→**大阪城**を建築→1590年，全国統一→**明**の征服をめざし，**朝鮮侵略**→失敗。初めキリスト教を保護→後に禁教。**太閤検地**や**刀狩**で**兵農分離**が進む。
└寺院の力をおさえるため

③ **桃山文化**…大名・大商人の権力・富を反映した豪華な文化。**天守**をもつ城，**狩野永徳**らが**障壁画**をえがく。**千利休**が**わび茶**の作法を完成，茶の湯を茶道に。**出雲の阿国**のかぶきおどり。

● **南蛮文化**…南蛮貿易により活版印刷術などの技術や学問が伝わる。

テストの 要点 を書いて確認　空欄にあてはまる言葉を書こう　別冊解答 P.9

年代	世界のできごと	年代	日本のできごと
1492	① _____ が西インド諸島に到達	1543	④ _____ が日本に伝来
1517	ルターが ② _____ を始める	1549	⑤ _____ が日本に伝来
1522	③ _____ 船隊が世界一周に成功	1590	⑥ _____ が全国を統一

別冊解答 P.9

STEP 2 基本問題

テスト5日前から確認！

得点 ／100点

1 次の問いに答えなさい。

(1) 16世紀のヨーロッパで宗教改革を行った人物もしくは団体を，次の
ア～エの中から１つ選び，その記号を書きなさい。（10点）

ア　ローマ教皇〔法王〕　　イ　イエズス会
ウ　ルター　　　　　　　　エ　ムハンマド　　　　［　　　　　］

(2) 次のA～Cが行ったことを，あとのア～エの中からそれぞれ１つず
つ選び，その記号を書きなさい。（10点×3）

A　マゼラン船隊　　B　バスコ・ダ・ガマ　　C　コロンブス
ア　西インド諸島に到着した。　　イ　インドに到着した。
ウ　世界一周を達成した。　　　　エ　種子島に漂着した。

A［　　　　］　　B［　　　　］　　C［　　　　］

2 右のA～Dは，織田信長と豊臣秀吉について記したものです。次の問
いに答えなさい。

A	宣教師を追放する
B	安土城を築く
C	大阪城を築く
D	比叡山延暦寺を焼き討ちする

(1) 秀吉が行ったことを，A～Dか
ら２つ選び，記号を書きなさい。
（10点×2）［　　　］［　　　］

(2) Aの政策がうまくいかなかった
のは，スペインやポルトガルとの貿易を続けていたからです。この
貿易を何といいますか。（10点）　　　　　［　　　　　　　］

(3) Bについて，安土城下などで行われた楽市・楽座の内容として正しい
ものを，次のア～エの中から１つ選び，その記号を書きなさい。（10点）

ア　商工業者の同業組合に営業を独占させた。
イ　農民や寺社から刀や弓，やり，鉄砲などを取り上げた。
ウ　関所を廃止した。
エ　商工業者の税を免除した。　　　　　　　　　［　　　　　　　］

3 次の文を読んで，あとの問いに答えなさい。

　　a桃山文化の代表は安土城や姫路城など，天守をもつ城である。
城内には書院造の広間がつくられ，b『唐獅子図屏風』などの障壁
画もえがかれた。

(1) 下線部aの特色を次のア～エの中から１つ選び，記号を書きなさい。（10点）

ア　豪華で雄大な文化　　　イ　日本の風土や生活に合った文化
ウ　素朴で写実的な文化　　エ　仏教の影響が強い文化　［　　　　］

(2) 下線部bをえがいたのはだれですか。（10点）　　［　　　　　　］

1
(1) ドイツで宗教改革を始めた人物である。
(2) Aマゼランは航海途中のフィリピンで亡くなった。Bバスコ・ダ・ガマはアフリカ南端の喜望峰を通った。Cコロンブスは大西洋を横断した。

2
(3) 楽市・楽座は商工業の発展をはかる政策であることから考える。

3
(1) 桃山文化は大名や大商人の気風を反映している。

第3章 1 ヨーロッパ人の来航と天下統一

1 次の文を読んで，あとの問いに答えなさい。

> 14世紀ごろから，ヨーロッパでは，個性や自由を求める **a** ルネサンスが花開いた。また，16世紀に **b** カトリック教会の腐敗を正そうとする **c** 宗教改革が起こるなど，それまでのキリスト教から脱却する動きが活発となった。同じころ，**d** スペインやポルトガルなどが，新しい航路を開拓し，世界じゅうへ進出していった。

(1) 下線部 **a** で活躍した人物を，次の**ア～エ**の中から1つ選び，その記号を書きなさい。

(5点)

地図1

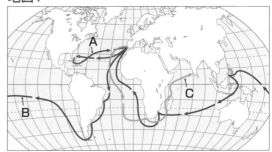

ア フビライ・ハン　　**イ** ルター
ウ ミケランジェロ　　**エ** マゼラン

(2) 下線部 **b** の具体例を，次の**ア～エ**の中から1つ選び，その記号を書きなさい。(5点)

ア 聖書のドイツ語訳を発行したこと
イ 免罪符を販売したこと
ウ 地動説を支持したこと
エ 働いて富を得ることを肯定したこと

地図2

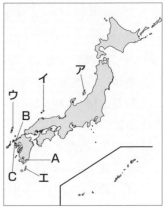

(3) 下線部 **c** を進めた人々は，「抗議する者」という意味で何とよばれましたか。(5点)

(4) 下線部 **d** について，次の問いに答えなさい。(5点×4)

① コロンブスがたどった航路を，**地図1**中の**A～C**の中から1つ選び，その記号を書きなさい。

② 日本に初めて鉄砲がもたらされた地域を，**地図2**中の**ア～エ**の中から1つ選び，その記号を書きなさい。

③ 1549年に**地図2**中の**A**に上陸し，各地でキリスト教の布教を行ったのはだれですか。

④ **地図2**中の**B**や**C**の港に来港したポルトガル人やスペイン人との間で行われた貿易を何といいますか。

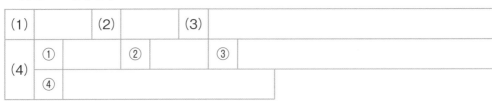

(1)		(2)		(3)		
(4)	①		②		③	
	④					

2 右の年表を見て，次の問いに答えなさい。

(1) Aの戦いで，織田信長が破った大名は何氏ですか。(5点)

(2) Bのときの室町幕府の将軍を，次の**ア〜エ**の中から１つ
選び，その記号を書きなさい。(5点)

ア 足利尊氏　　**イ** 足利義政
ウ 足利義昭　　**エ** 足利義満

(3) Cの戦いで信長がとった戦法を，次の**ア〜エ**の中から１
つ選び，その記号を書きなさい。(5点)

ア 鉄砲隊を有効に活用した。

イ てつはうという火器を使用し，集団戦法をとった。

ウ 亀甲船という軍船から大砲をうった。

エ 少数の兵で敵の本陣を奇襲した。

年代	おもなできごと
1560	桶狭間の戦い……………A
1573	室町幕府がほろびる……B
1575	長篠の戦い………………C
1582	本能寺の変………………D
	太閤検地が始まる………E
1588	刀狩令が出される………F
1590	秀吉が全国統一を完成…G
1592	朝鮮侵略が始まる………H

(4) Dで信長を自害に追い込み，豊臣秀吉に討たれたのはだれですか。(5点)

よくでる

(5) EやFによって，農民と武士の区別が明確にされたことを何といいますか。(5点)

文章記述

(6) Fの目的を「農民」という語句を用いて，簡単に説明しなさい。(10点)

難

(7) Gについて，秀吉がたおした関東地方の大名を，次の**ア〜エ**の中から１つ選び，その記号
を書きなさい。(5点)

ア 徳川氏　　**イ** 武田氏　　**ウ** 伊達氏　　**エ** 北条氏

(8) Hについて，秀吉が征服しようとした中国の王朝名を書きなさい。(5点)

(1)		(2)		(3)	
(4)			(5)		
(6)					
(7)		(8)			

3 次の文を読んで，あとの問いに答えなさい。

> 桃山文化を代表するのは，支配者の権威を象徴する壮大な城である。安土城や大阪城
> では，（　①　）や弟子たちが障壁画をえがいた。信長や秀吉に仕えた（　②　）は質素
> なわび茶の作法を完成させた。また，現世を楽しむ風潮が強まり，出雲（島根県）の
> （　③　）は，かぶきおどりを始めて人気を集めた。

(1) 下線部について，現在の兵庫県に建てられ，世界遺産にも登録されている城を何といいま
すか。(5点)

よくでる

(2) 文中の（　①　）〜（　③　）にあてはまる人物名を，次の**ア〜オ**の中から１つずつ選び，
その記号を書きなさい。(5点×3)

ア 雪舟　　**イ** 阿国　　**ウ** 運慶　　**エ** 千利休　　**オ** 狩野永徳

(1)		(2) ①		②		③	

41

2 江戸幕府の成立と鎖国

STEP 1 要点チェック

テスト1週間前から確認!

1 江戸幕府の成立

① **関ヶ原の戦い**…1600年，**徳川家康**と**石田三成**らの戦い→家康が全国支配の実権をにぎる。

② **江戸幕府**…1603年，徳川家康は**征夷大将軍**に任じられ，江戸に幕府を開く。

● **大名**…**親藩**，**譜代大名**，**外様大名**。大名の領地と政治組織を藩という→**幕藩体制**。
　　　　　└ 徳川家の一門　　　　└ 関ヶ原の戦い以前からの家臣が譜代大名，以降からの家臣が外様大名

③ **大名の統制**…武家諸法度を制定→第3代将軍徳川家光が**参勤交代**を制度化。
　　　　　　　　　　　　　　　　　　　　　　　　　　　　└ 1年おきに江戸と領地を往復させ，妻子を江戸に住まわせた。

④ **朝廷の統制**…禁中並公家諸法度で天皇・公家の行動を制限。

⑤ **身分制度下のくらし**…支配身分の**武士**に特権。人口の大部分を占め**年貢**を納める**百姓**は**五人組**や**御触書**などで規制。**町人**は町に住む。えた・ひにんは厳しく差別された。

2 鎖国

① **朱印船貿易**…徳川家康が貿易を奨励し**朱印状**を発行。東南アジアに**日本町**が成立。

② **島原・天草一揆と鎖国** ─おぼえる!

● キリスト教徒の増加→禁教令→日本人の海外渡航・帰国を禁止→**島原・天草一揆**（1637年）。

● **鎖国**…1641年，オランダ商館を出島に移す→鎖国の完成。**絵踏**，**宗門改**で宗教統制。
　└ 幕府による禁教，貿易統制，外航独占　　　　　　　　　　　　　　　　　└ 寺に仏教徒であることを証明させる

③ **鎖国下の対外関係**…**長崎**，**松前**，**対馬**，**薩摩**の4つの窓口。

● **オランダ・中国**…長崎で貿易。オランダ風説書，唐船風説書を提出させる。

▼ 鎖国下の窓口

対馬…対馬藩を通じて朝鮮と

長崎…幕府の直轄地でオランダ・中国と

松前…松前藩を通じて蝦夷地のアイヌと

薩摩…薩摩藩を通じて琉球王国と

● **朝鮮**…対馬藩が国交回復。**朝鮮通信使**。
　　　　　　　　　　　　　　　└ 将軍の代がわりごとに派遣

● **琉球王国**…薩摩藩が征服→中国とも貿易を続けさせ，使節を派遣させる。

● **蝦夷地**…不利益な取り引きからアイヌの人々がシャクシャイン中心に蜂起→鎮圧。

テストの 要点 を書いて確認　空欄にあてはまる言葉を書こう

別冊解答 P.10

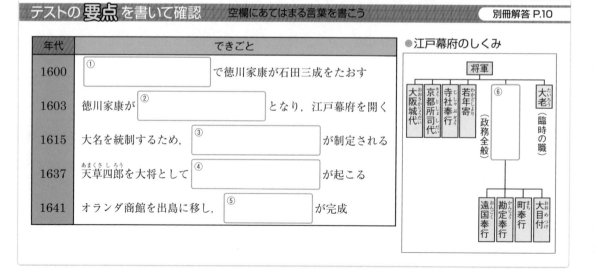

年代	できごと
1600	① ＿＿＿＿＿ で徳川家康が石田三成をたおす
1603	徳川家康が ② ＿＿＿＿＿ となり，江戸幕府を開く
1615	大名を統制するため，③ ＿＿＿＿＿ が制定される
1637	天草四郎を大将として ④ ＿＿＿＿＿ が起こる
1641	オランダ商館を出島に移し，⑤ ＿＿＿＿＿ が完成

●江戸幕府のしくみ

将軍

大阪城代／京都所司代／寺社奉行／若年寄／⑥（政務全般）／大老（臨時の職）

遠国奉行／勘定奉行／町奉行／大目付

基本問題

1 次の文を読んで，あとの問いに答えなさい。

　豊臣秀吉の死後，関東に勢力をのばした（　X　）と，豊臣氏の政権を守ろうとする石田三成が対立し，1600年，（　Y　）の戦いが起こった。勝った（　X　）は1603年に征夷大将軍に任じられて江戸幕府を開いた。幕府は広大な領地を支配し，大名に領地をあたえて治めさせた。幕府は大名の統制に力を注ぎ，その配置に工夫をこらした。

(1)（　X　）にあてはまる人物を書きなさい。(10点)[　　　　　　]

(2)（　Y　）にあてはまる地名を書きなさい。(10点)[　　　　　　]

(3) 下線部について，次の問いに答えなさい。(15点×2)

① （　Y　）の戦い以後に徳川氏に従った大名は，江戸から離れた地域に配置されました。この大名を何といいますか。[　　　　　　]

② 大名を統制するために，幕府が出した法律を何といいますか。

[　　　　　　]

2 右の年表を見て，次の問いに答えなさい。

(1) 年表中の A について，朱印船貿易が行われた地域を，次のア〜エの中から1つ選び，その記号を書きなさい。(10点)

ア　南アメリカ
イ　西ヨーロッパ
ウ　東南アジア
エ　蝦夷地　[　　　　]

年代	おもなできごと
	朱印船貿易がさかんになる………A
1616	ヨーロッパ船の来航地を長崎と平戸に限定
1635	日本人の海外渡航・帰国を禁止
1637	島原・天草一揆が起こる…………B
1641	平戸のオランダ商館を長崎の（　C　）に移す ………………D

(2) 年表中のBについて，次の問いに答えなさい。(10点×2)

① この一揆の原因の一つに，ある宗教への弾圧があげられます。この宗教とは何ですか。[　　　　　　]

② この一揆が起こった地域を，次のア〜エの中から1つ選び，その記号を書きなさい。

ア　四国　イ　近畿　ウ　瀬戸内海　エ　九州　[　　　　　　]

(3) 年表中の（　C　）にあてはまる場所は，長崎のどこですか。(10点)

[　　　　　　]

(4) 年表中のDによって完成された，幕府の外交体制を何といいますか。(10点)

[　　　　　　]

1
(1)(2) 豊臣方は西軍，徳川方は東軍として戦った。
(3) ②無許可で城を修理したり，大名家どうしが無断で結婚したりすることを禁止するなど，大名が守るべききまりが定められている。

2
(1) 日本から比較的近い地域である。各地に日本人が多く住む日本町がつくられた。
(2) ①年貢の厳しい取り立ても原因の一つであった。

1 次の文を読んで，あとの問いに答えなさい。

(1) 右の図を見て，次の問いに答えなさい。(5点×2)

① 右の図は江戸幕府のしくみをあらわしています。図中の ┃ X ┃ にあてはまる役職名を，次のア〜エの中から１つ選び，その記号を書きなさい。

ア　太政官　　イ　執権
ウ　管領　　　エ　老中

② 図中の役職の多くには，旗本や関ヶ原の戦いの前からの徳川家の家臣である大名が任命されました。この大名を何といいますか。

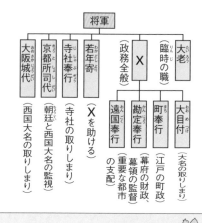

将軍

大老（臨時の職）
政務全般 X
　遠国奉行（重要な都市の支配）
　勘定奉行（幕府の財政，幕領の監督）
　町奉行（江戸の町政）
　大目付（大名の取りしまり）
若年寄（Xを助ける）
寺社奉行（寺社の取りしまり）
京都所司代（朝廷と西国大名の取りしまり）
大阪城代（西国大名の取りしまり）

(2) 右の地図を見て，次の問いに答えなさい。

(5点×2)

① 右の地図中に示した３大名のような大名を何といいますか。次のア〜エの中から１つ選び，その記号を書きなさい。

ア　親藩　　　　イ　外様大名
ウ　戦国大名　　エ　守護大名

前田　伊達　島津

② 右の地図中の３大名の配置の特徴として正しいものを，次のア〜ウの中から１つ選び，その記号を書きなさい。

ア　いずれも江戸から遠ざけられている。　　イ　いずれも本州に置かれている。
ウ　いずれも大阪の近くに置かれている。

(3) 右の資料は江戸時代に定められた法律です。これを読んで，次の問いに答えなさい。

① この法律を何といいますか。(5点)

② 1635年にこの法律に参勤交代の制度を加えた江戸幕府の将軍を，次のア〜エの中から１つ選び，その記号を書きなさい。

(5点)

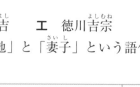

一，文武弓馬の道に，ひたすらはげむようにせよ。
一，城は，たとえ修理であっても必ず幕府に報告せよ。ましてや，新しく城を築くようなことはかたく禁止する。
一，幕府の許可なく，勝手に婚姻を結んではいけない。

(部分要約)

ア　徳川秀忠　　イ　徳川家光　　ウ　徳川綱吉　　エ　徳川吉宗

文章記述 ③ 参勤交代とはどのような制度ですか。「領地」と「妻子」という語句を使って，簡単に説明しなさい。(10点)

(1)	①		②			(2)	①	
(2)	②		(3)	①			②	
(3)	③							

2 右のグラフを見て，次の問いに答えなさい。

(1) グラフ中の**A**〜**C**にあてはまる身分を，次の**ア**〜**ウ**の中から１つずつ選び，その記号を書きなさい。(5点×3)

　ア 武士　　**イ** 町人　　**ウ** 百姓

(2) 幕府や藩が，**A**の人々を対象に年貢の納入や犯罪の防止に連帯責任を負わせるためにつくった制度を何といいますか。(5点)

(1)	A		B		C		(2)	

3 次の文を読んで，あとの問いに答えなさい。

> 　a徳川家康は貿易を進めたが，やがてキリスト教が幕府の考えに反していたため，キリスト教禁止令〔禁教令〕を出した。キリスト教徒への迫害と年貢の重さに耐えかねた九州の農民たちはb島原・天草一揆を起こしたが，鎮圧された。その後，c２国だけが長崎に限って貿易を許されるようになった。

(1) 下線部**a**について，幕府は日本の貿易船に海外渡航を許す許可証をあたえて，東南アジアとの貿易を進めました。この許可証を何といいますか。(5点)

(2) 下線部**b**のころから始まった，幕府がキリスト教徒を見つけるために，イエスやマリアの像を使って行ったことを何といいますか。(5点)

(3) 下線部**c**について，次の問いに答えなさい。(6点×5，②，⑤完答)

　① 長崎港につくられた人工の島を何といいますか。

　② 長崎で貿易を認められた２国を，次の**ア**〜**エ**の中から２つ選び，その記号を書きなさい。

　　ア 中国　　**イ** スペイン　　**ウ** オランダ　　**エ** ポルトガル

　③ 長崎での貿易で日本から輸出された主な貿易品を，次の**ア**〜**エ**の中から１つ選び，その記号を書きなさい。

　　ア 生糸　　**イ** 茶　　**ウ** 絹織物　　**エ** 銀

　④ ②の２国に対し，海外情報を記して幕府に提出させたものを，次の**ア**〜**エ**の中から１つ選び，その記号を書きなさい。

　　ア 検地帳　　**イ** 風説書　　**ウ** 触書　　**エ** 風土記

　⑤ ②の２国以外で，日本が対馬藩を通じて貿易を行っていた相手を，次の**ア**〜**エ**の中から１つ選び，その記号を書きなさい。また，対馬藩の位置を，右の地図中の**A**〜**D**の中から１つ選び，その記号を書きなさい。

　　ア 朝鮮　　**イ** 琉球王国　　**ウ** アイヌ民族　　**エ** ロシア

(1)			(2)			
(3)	①		②		③	
	④		⑤ 相手　　位置			

3 幕府政治のうつりかわり

STEP 1 要点チェック

テスト1週間前から確認!

1 諸産業の発達

① **農業**…新田開発や備中ぐわ・千歯こきなど農具の改良で生産力が高まる→**商品作物**の栽培。

② **鉱業**…佐渡金山，生野銀山，石見銀山，別子銅山，足尾銅山の開発→貨幣が鋳造され，流通。

③ **水産業**…九十九里浜のいわし漁→干鰯に加工して肥料に。蝦夷地のにしん漁，こんぶ漁。

④ **交通**…陸路は五街道。江戸・大阪間に菱垣廻船や樽廻船。
東北・北陸の年貢米を**東廻り航路**，**西廻り航路**で運ぶ。
└「将軍のおひざもと」

⑤ **三都の繁栄**…江戸（政治），大阪（諸藩の蔵屋敷），京都
　　　　　　　　　　　　└「天下の台所」
（文化・芸能）。**株仲間**が営業独占。
└商人の同業者組合

▼ 五街道とおもな航路

- 五街道
- ● 関所
- 東廻り航路
- 西廻り航路
- 南海路

西廻り航路
（東北日本海沿岸～下関～
瀬戸内海～大阪）

碓氷　木曽福島　京都　白河
　　　　　　　　　日光道中　日光
大阪　　　中山道　　甲州道中
　　　東海道　　新居　箱根　江戸

東廻り航路（東北日本海沿岸～津軽海峡～江戸）

南海路
（大阪～江戸）

2 幕府政治の動き

① **徳川綱吉**…儒学のうち**朱子学**を重視。**生類憐みの令**を出
す。質の悪い貨幣を大量に発行→物価が上昇。

② **新井白石の政治**…貨幣の質をもどす。**長崎貿易**を制限。
└金・銀の流出をおさえる

3 元禄文化 おぼえる!

- **元禄文化**…17世紀末から，上方で栄えた庶民中心の文化。
└徳川綱吉のころ　　　　　　　└上方

- **文芸**…**井原西鶴**が浮世草子。**近松門左衛門**が人形浄瑠璃の脚本。**松尾芭蕉**が俳諧を大成。

- **絵画**…**尾形光琳**が装飾画を大成。**菱川師宣**が浮世絵を始める。

4 享保の改革と社会の変化 よくでる

└参勤交代をゆるめる代わりに幕府に米を献上させる　　└裁判の基準

① **享保の改革**…第8代将軍**徳川吉宗**。**上げ米の制**，新田開発，**目安箱**，**公事方御定書**。

② **貨幣経済と百姓一揆**…農村に貨幣経済浸透→**地主**や**小作人**になる者→貧富の差が拡大。

- 18世紀ごろに**問屋制家内工業**，19世紀ごろに**工場制手工業〔マニュファクチュア〕**が発達。
└商人が道具や原料を貸して生産させる　　└商人が工場に人を集め，分業で生産させる

- **百姓一揆**や**打ちこわし**が起こる。幕府や藩がえた・ひにんの人々への統制を強化。
└都市の民衆が米を買い占めた商人を襲う

テストの要点を書いて確認　空欄にあてはまる言葉を書こう　　別冊解答 P.12

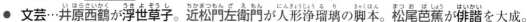

①
②

●元禄文化

④ …浮世草子を書いた。

⑤ …俳諧を大成した。

⑥ …浮世絵を始めた。

●徳川綱吉の政治

・儒学の中でも特に ③ を重視。

・生類憐みの令を出した。

●徳川吉宗の政治

・ ⑦ の改革を行った。

・裁判の基準となる ⑧ を制定。

・ ⑨ の制で幕府の収入を増やす。

別冊解答 P.12

得点 ／100点

1 次の文を読んで，あとの問いに答えなさい。

　　江戸時代に入り，幕府や藩，農民が（ ① ）開発に力を入れたため，18世紀初めごろには耕地面積が，豊臣秀吉のころの約2倍に増えた。農具の改良などにより，農作業の効率が高まるいっぽう，貨幣を得るために（ ② ）の栽培も広まった。

(1)（ ① ），（ ② ）にあてはまる語句を書きなさい。(7点×2)
①［　　　　　　　］②［　　　　　　　］

(2) 下線部について，このころ開発された，土を深く耕すことのできる農具を何といいますか。(7点)　［　　　　　　　］

2 江戸時代の海上交通路を示した右の地図を見て，次の問いに答えなさい。

(1) 地図中のA，Bは，年貢米などを運ぶための航路です。それぞれ何という航路ですか。(7点×2)
A［　　　　　　　］
B［　　　　　　　］

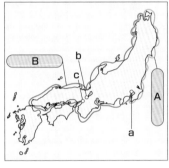

(2) 地図中のa，cの都市はそれぞれ別名で何とよばれていましたか。(7点×2)
a［　　　　　　　］c［　　　　　　　］

(3) 地図中のa～cの都市をまとめて何といいますか。(7点)［　　　　　］

3 次の文を読んで，あとの問いに答えなさい。

　　江戸幕府第5代将軍（ ① ）のころに栄えた文化を元禄文化という。元禄文化は，大阪・京都を中心に栄えた町人文化である。享保の改革を行った第8代将軍（ ② ）は，民衆の意見を聞くための（ ③ ）を江戸に設置するなどした。

(1)（ ① ）～（ ③ ）にあてはまる人物・語句を書きなさい。(8点×3)
①［　　　　　］②［　　　　　］③［　　　　　］

(2) 下線部について，次の問いに答えなさい。(10点×2)
① 武士や町人の生活を題材にして，井原西鶴が書いた小説を何といいますか。
［　　　　　　　］

② 俵屋宗達の影響を受けて，装飾画を大成したのはだれですか。
［　　　　　　　］

第3章 3 幕府政治のうつりかわり

1
(1) ②麻，わた，あぶらな，あい，べにばななど。
(2) ほかに，脱穀を行う千歯こきなどが発明された。

2
(2) a幕府が置かれていた。c経済の中心地として栄え，諸藩の蔵屋敷が多く置かれた。

3
(1) ①儒学の中の朱子学を重んじ，湯島に聖堂を建てた。
(2) ①井原西鶴の代表作は『日本永代蔵』『好色一代男』など。
②代表作に『燕子花図屏風』がある。

STEP

3

得点アップ問題

テスト
3日前
から確認!

別冊解答 P.12

得点

／100点

1 次の問いに答えなさい。

(1) 右の①，②の農具の特色としてあてはまるものを，
次の**ア〜ウ**の中からそれぞれ１つずつ選び，その記
号を書きなさい。(5点×2)

ア 効率よく脱穀を行うことができる。

イ 土地を深く耕すことができる。

ウ 穀粒ともみがらの選別が簡単にできる。

①　②

(2) 右の地図を見て，次の問いに答えなさい。

① **A**の鉱山で採掘されたものを，次の**ア〜エ**の中から１つ選
び，その記号を書きなさい。(5点)

ア 金　**イ** すず　**ウ** 銅　**エ** 石炭

② **B**の海岸でいわし漁がさかんになったことと関係が深いも
のを，次の**ア〜エ**の中から１つ選び，その記号を書きなさい。

(5点)

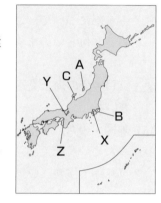

ア 人口が著しく増加し，消費量が増えた。

イ 近畿地方などで綿作がさかんになった。

ウ 西国を中心に二毛作が広まった。

エ 人々の食事が１日２回から３回に増えた。

③ **C**の輪島でさかんに生産されたものを，次の**ア〜エ**の中から１つ選び，その記号を書
きなさい。(5点)

ア 陶磁器　**イ** 鋳物　**ウ** 漆器　**エ** 塩

④ **X**，**Y**，**Z**の都市は合わせて三都とよばれました。**X〜Z**の都市の特色を，次の**ア〜**
ウの中から１つずつ選び，その記号を書きなさい。(完答10点)

ア 文化や芸能の中心であり，すぐれた工芸品の産地でもあった。

イ 「将軍のおひざもと」とよばれ，政治の中心地であった。

ウ 「天下の台所」とよばれ，商業・金融の中心地であった。

よく
でる
⑤ **X**と**Z**の間で，おもに酒を運んだ輸送船を何といいますか。(5点)

⑥ 蔵屋敷が特に多く置かれた都市を，**X〜Z**の中から１つ選び，その記号を書きなさい。
また，その地名を書きなさい。(5点×2)

(1)	①		②		(2)	①		②	
(2)	③		④	X		Y		Z	
	⑤				⑥	記号		地名	

2 次の問いに答えなさい。

(1) 右の絵は，町人の風俗を題材としたものです。このような絵を何といいますか。(5点)

(2) 右の絵がえがかれたころに活躍した，次の①〜③にあてはまる人物を，あとの**ア〜オ**の中からそれぞれ1つずつ選び，その記号を書きなさい。(5点×3)

① 武士や町人の生活を題材にした，浮世草子という小説を書いた。

② 義理と人情の間で板ばさみになる男女の悲劇を人形浄瑠璃の脚本にえがいた。

③ 各地を旅しながら俳諧〔俳句〕を大成した。

ア 菱川師宣　　　　**イ** 松尾芭蕉　　**ウ** 井原西鶴

エ 近松門左衛門　　**オ** 尾形光琳

(1)		(2) ①		②		③	

3 次の文を読んで，あとの問いに答えなさい。

> 江戸幕府第8代将軍徳川吉宗が，幕府の政治と財政を立て直すために行った改革を**a享保の改革**という。幕府の収入は増えたが，江戸で初めての（　　　）が起こるなど，根本的には改善されなかった。農村では**b商品作物**がさかんにつくられるようになり，自給自足経済がくずれて貨幣経済が広がったため，貧富の差も大きくなった。豊かになった農民の中には，地主となって**c問屋制家内工業**を行う者もあらわれた。

(1) 下線部**a**と関係のないものを，次の**ア〜エ**の中から1つ選び，その記号を書きなさい。(5点)

ア 上げ米の制　　**イ** 公事方御定書　　**ウ** 目安箱　　**エ** 生類憐みの令

(2) （　　　）にあてはまる語句を，次の**ア〜エ**の中から1つ選び，その記号を書きなさい。(5点)

ア 百姓一揆　　**イ** 一向一揆　　**ウ** 土一揆　　**エ** 打ちこわし

(3) 下線部**b**について，次の問いに答えなさい。

① 染料に使われたものを，次の**ア〜エ**の中から1つ選び，その記号を書きなさい。(5点)

ア あぶらな　　**イ** 麻　　**ウ** わた　　**エ** べにばな

② 商品作物とはどのようなものですか。簡単に説明しなさい。(10点)

(4) 下線部**c**にあてはまるものを，次の**ア〜ウ**の中から1つ選び，その記号を書きなさい。

(5点)

ア 工場に人を集めて生産させる　　**イ** 分業で生産させる

ウ 道具や原料を貸して生産させる

(1)		(2)		(3) ①			
(3)	②						
(4)							

49

4 ゆらぐ幕府政治

STEP 1 要点チェック

テスト1週間前から確認!

1 田沼の政治と寛政の改革 よくでる

① **田沼意次の政治**…老中田沼意次の政治。**株仲間**の結成を奨励。印旛沼など大規模干拓工事。**長崎貿易**の振興。わいろが横行→**天明のききん**ののち失脚。

② **寛政の改革**…老中**松平定信**。農村に米の蔵。**昌平坂学問所**で**朱子学**以外禁止。倹約令。旗本や御家人の借金を帳消し。**ラクスマン**が根室に来航→間宮林蔵らが蝦夷地・樺太を調査。
　　└ロシアの使節

③ **諸藩の取り組み**…財政難に苦しむ中，特産物の生産を奨励。**専売制**で利益。

2 新しい学問と化政文化 おぼえる!

① **国学と蘭学**…**本居宣長**が国学を大成。蘭学では**杉田玄白**らが『**解体新書**』出版。**伊能忠敬**が正確な日本地図作成。

② **化政文化**…19世紀初め，江戸中心に栄えた町人文化。

● **浮世絵**…多色刷りの**錦絵**が編みだされる。美人画の**喜多川歌麿**，風景画の**葛飾北斎**，**歌川〔安藤〕広重**。└『東海道五十三次』

● **文芸**…十返舎一九や滝沢馬琴。俳諧の**与謝蕪村**や小林一茶。川柳・狂歌で政治や社会を風刺。└『富嶽三十六景』

③ **教育の普及**…武士は**藩校**，町人や農民の子どもは**寺子屋**で学ぶ。

▼ 富嶽三十六景

富嶽三十六景より「神奈川沖浪裏」

3 ゆきづまる幕府政治

① **外国船の来航**…1825年，**異国船打払令**〔外国船打払令〕→**蛮社の獄**。└批判した渡辺崋山や高野長英など蘭学者らを処罰

② **天保のききんと大塩の乱**…天保のききんで百姓一揆や打ちこわし→**大塩平八郎**が大塩の乱。└もと大阪町奉行所の役人

③ **天保の改革**…老中の**水野忠邦**が始める。倹約令や株仲間の解散。異国船打払令の緩和。江戸・大阪周辺を**幕領**にしようとする→改革は失敗。

④ **雄藩の成長**…薩摩藩，肥前藩，長州藩が経済力を蓄え，幕末に大きな発言力をもつ。

テストの**要点**を書いて確認　空欄にあてはまる言葉を書こう

別冊解答 P.13

年代	できごと
1772	① ＿＿＿＿＿ が老中になる
1787	松平定信が ② ＿＿＿＿＿ の改革を始める
1825	幕府が ③ ＿＿＿＿＿ を出す
1837	④ ＿＿＿＿＿ が大阪で乱を起こす
1841	⑤ ＿＿＿＿＿ が天保の改革を始める

●化政文化と江戸時代の学問

人物	実績
⑥ ＿＿＿＿＿	国学を大成
杉田玄白ら	⑦ ＿＿＿＿＿ を出版
⑧ ＿＿＿＿＿	日本全国を測量
⑨ ＿＿＿＿＿	美人画をえがいた
⑩ ＿＿＿＿＿	『富嶽三十六景』

STEP
2
基本問題

テスト
5日前
から確認!

別冊解答 P.13

得点

／100点

第3章
4
ゆらぐ幕府政治

1 次の文を読んで，あとの問いに答えなさい。

　　18世紀後半，老中になった（　A　）は，商工業者の力を利用して幕府の財政の再建をめざした。しかし，地位や利益を求めてわいろが広がり，政治が乱れて（　A　）は失脚した。そのあとに老中になった（　B　）が始めたのが，寛政の改革である。

(1)（　A　），（　B　）にあてはまる人物はだれですか。(10点×2)

A [　　　　　　　　　　]
B [　　　　　　　　　　]

(2) 下線部について，このとき幕府が昌平坂学問所で力を入れた，儒学の一派である学問は何ですか。(10点) [　　　　　　　　　　]

1
(2) 身分の上下や秩序を重視した学問。

2 次の文を読んで，（　①　）～（　⑤　）にあてはまる語句を書きなさい。

(10点×5)

　　19世紀初めの文化・文政年間に，（　①　）を中心に町人たちの文化が栄えた。この文化を（　②　）文化という。

　　浮世絵では，（　③　）の『富嶽三十六景』，文芸では政治や社会を風刺する（　④　）や狂歌が流行した。

　　また，各地に（　⑤　）がつくられ，町人や農民の子どもが読み・書きやそろばんを習うようになった。

① [　　　　　　] ② [　　　　　　] ③ [　　　　　　]
④ [　　　　　　] ⑤ [　　　　　　]

2
①三都の１つ。「将軍のおひざもと」。
④俳諧から生まれた形式をとっている。
⑤武士の子どもらが通った藩校と区別する。

3 右の年表を見て，次の問いに答えなさい。

(1) 年表中の（　A　）にあてはまる語句を書きなさい。(10点)

[　　　　　　　　　　]

(2) 年表中の（　B　）にあてはまる人物名を書きなさい。(5点)

[　　　　　　　　　　]

(3) 年表中の（　C　）にあてはまる語句を，次のア～エの中から１つ選び，その記号を書きなさい。(5点)

ア　天明　　イ　天保　　ウ　享保　　エ　元禄

[　　　　　　]

年代	できごと
1825	外国船の接近に対して，幕府が（　A　）を出す
1837	もと大阪町奉行所の役人であった（　B　）が商人を襲う
1841	水野忠邦が（　C　）の改革を始める

3
(1) 増加する外国船に対して，幕府はきびしい対応をとった。
(3) 水野忠邦が老中になった時期の元号から考える。

1 右の年表を見て，次の問いに答えなさい。

(1) 年表中**A**の（　　　）にあてはまる人物はだれ
ですか。(5点)

(2) 年表中**B**，**C**の改革を行った人物の組み合わせ
として正しいものを，次の**ア**〜**エ**の中から1つ
選び，その記号を書きなさい。(5点)
ア **B**—徳川吉宗　　**C**—松平定信
イ **B**—徳川吉宗　　**C**—水野忠邦
ウ **B**—松平定信　　**C**—水野忠邦
エ **B**—松平定信　　**C**—徳川吉宗

年代	で　き　ご　と
1772	（　　　）が老中となる…………A
	↕ア
1787	寛政の改革が始まる…………B
	↕イ
1808	a 間宮林蔵が樺太を探検する
	↕ウ
1837	b 大塩の乱
	↕エ
1841	天保の改革が始まる…………C

(3) 年表中**A**〜**C**で行われたことを，次の**ア**〜**エ**の
中からそれぞれ1つずつ選び，その記号を書き
なさい。(5点×3)
ア 株仲間をつくることを奨励し，営業の独占を認めるかわりに営業税を取った。
イ 物価の上昇は株仲間が営業を独占していることが原因と考え，株仲間の解散を命じた。
ウ 公平な裁判を行うために，公事方御定書をつくった。
エ 湯島にある昌平坂学問所では朱子学以外の学問を講義することを禁じた。

(4) 下線部**a**に最も関係が深いものを，次の**ア**〜**エ**の中から1つ選び，その記号を書きなさい。
(5点)
ア 朱印船貿易がさかんとなり，東南アジアの各地に日本町ができた。
イ 種子島に流れ着いたポルトガル人により，日本に鉄砲が伝わった。
ウ 将軍の代がわりごとに，朝鮮から祝いの使節が日本にやってくるようになった。
エ 通商を求めて，ロシアの使節が根室や長崎に来航した。

(5) 下線部**b**の内容について述べた文として正しいものを，次の**ア**〜**ウ**の中から1つ選び，そ
の記号を書きなさい。(5点)
ア 島原・天草地域の農民やキリスト教信者が一揆を起こした。
イ もと大阪町奉行所の役人が，貧しい人々を助けるために起こした。
ウ 江戸や大阪周辺の地域を幕領にしようとして起こした。

(6) 次の出来事はいつごろに起こりましたか。年表中の**ア**〜**エ**の中から1つ選び，その記号を
書きなさい。(5点)
「幕府が異国船打払令〔外国船打払令〕を出した」

(1)		(2)		(3) A		B		C	
(4)		(5)		(6)					

2 次のA～Eの文を読んで，あとの問いに答えなさい。

A 本居宣長が『古事記伝』をあらわし，（　　　　）を大成した。

B （　　　　）らがオランダ語の医学書を翻訳し，『解体新書』を出版した。

C 伊能忠敬が（　　　　）

D 諸藩が学校をつくり，武士を通わせるようになった。

E 町人文化の発展とともに，町人や農民の間にも教育が広まっていった。

(1) Aの（　　　）にあてはまる，日本古来の考え方を探る学問を何といいますか。(5点)

(2) Bの（　　　）にあてはまる人物名を次の**ア～エ**の中から１つ選び，その記号を書きなさい。(5点)

　　ア 杉田玄白　　**イ** 千利休　　**ウ** 松尾芭蕉　　**エ** 井原西鶴

(3) Cの（　　　）に入るのにふさわしい文を，次の**ア～エ**の中から１つ選び，その記号を書きなさい。(5点)

　　ア 徳川吉宗の命を受け，ききんに備えてさつまいもの研究を始めた。

　　イ 測量術を学んで日本全国の海岸線を測量してまわり，正確な日本地図をつくった。

　　ウ 日本海側から江戸や大阪を結ぶ西廻り航路や東廻り航路を開いた。

　　エ 新田開発のため，印旛沼（千葉県）の干拓工事を始めた。

(4) Dの学校のことを何といいますか。(5点)

(5) Eについて，当時の農民や町人の子どもが読み・書き・そろばんを習った学校を何といいますか。(5点)

(1)		(2)		(3)	
(4)		(5)			

3 化政文化について，次の問いに答えなさい。

(1) 次の文の（　①　）～（　④　）にあてはまる語句を，あとの**ア～エ**の中からそれぞれ１つずつ選び，その記号を書きなさい。(5点×4)

　　文芸の分野では，文字の読み書きができる人が多くなったので貸本屋が増え，（　①　）の『東海道中膝栗毛』や，（　②　）の『南総里見八犬伝』などが人気となった。また，政治や社会を皮肉ってうたう川柳や（　③　）もさかんとなった。俳諧〔俳句〕では，（　④　）や小林一茶らが活躍した。

　　ア 与謝蕪村　　**イ** 十返舎一九　　**ウ** 滝沢馬琴　　**エ** 狂歌

(2) 右の浮世絵について，次の問いに答えなさい。

　　① 化政文化のころに生まれた，右の絵のような多色刷りの版画のことを何といいますか。次の**ア～エ**の中から１つ選び，その記号を書きなさい。(5点)

　　ア 大和絵　　**イ** 錦絵　　**ウ** 水墨画　　**エ** 障壁画

　　② 化政文化の特徴を，元禄文化と比較して説明しなさい。(10点)

(1)	①		②		③		④		(2)	①	
(2)	②										

定期テスト予想問題

別冊解答 P.14

目標時間 **40**分 ／ 得点 ／100点

1 右の年表を見て，次の問いに答えなさい。

年	おもなできごと
1543	日本に鉄砲が伝わる ｝A
1549	日本にキリスト教が伝わる
1573	織田信長が室町幕府をほろぼす…B
1575	［ C ］の戦いが起こる
1590	豊臣秀吉が全国を統一する………D
1600	［ E ］の戦いが起こる
1603	江戸幕府が成立する………………F
	↕G
1641	オランダ商館が長崎に移される…H

(1) **A**のように，ヨーロッパ人が日本に来航するようになった理由として関係のないものを，次の**ア〜エ**の中から1つ選び，その記号を書きなさい。(6点)

　ア マゼラン船隊が世界一周を達成した。
　イ 漢民族の明が中国を統一した。
　ウ ルネサンスの動きが高まった。
　エ ルターらが宗教改革を行った。

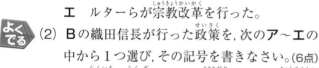 (2) **B**の織田信長が行った政策を，次の**ア〜エ**の中から1つ選び，その記号を書きなさい。(6点)

　ア 楽市・楽座　**イ** 刀狩　**ウ** 朝鮮出兵　**エ** 大阪城の建築

(3) ［ C ］，［ E ］にあてはまる地名を，次の**C**，**E**の文を参考に，あとの**ア〜オ**の中からそれぞれ1つずつ選び，その記号を書きなさい。(5点×2)

　C 織田信長が鉄砲隊を利用して甲斐の武田氏を破った。
　E 徳川家康が，豊臣秀吉の子の秀頼の政権を守ろうとする石田三成らを破った。
　ア 桶狭間　**イ** 関ヶ原　**ウ** 姉川　**エ** 長篠　**オ** 天目山

(4) **D**の豊臣秀吉が行った太閤検地とはどのような政策ですか。説明しなさい。(6点)

(5) **D**のころの文化としてあてはまるものを，次の**ア〜エ**の中から1つ選び，その記号を書きなさい。(6点)

　ア 出雲の阿国がかぶきおどりを始めた。　**イ** 鴨長明が『方丈記』をあらわした。
　ウ 雪舟が日本の水墨画を大成した。　**エ** 観阿弥・世阿弥親子が能を大成した。

(6) **F**ののちに強化された身分制度は，**D**の豊臣秀吉による政策がもとになっていました。豊臣秀吉が武士と農民の身分の区別をはっきりさせた政策を何といいますか。(6点)

難 (7) **G**の期間に起きた次の**ア〜ウ**を，年代の古い順に並べかえ，その記号を書きなさい。(完答6点)

　ア 島原・天草一揆が起こった。
　イ ポルトガル人を追放した。
　ウ 幕領でキリスト教を禁止した。

(8) **H**の長崎への来航を許された国を，次の**ア〜エ**の中から1つ選び，その記号を書きなさい。(6点)

　ア スペイン　**イ** 琉球王国　**ウ** 朝鮮　**エ** 中国

(1)		(2)		(3) C		E	
(4)							
(5)		(6)		(7)	→　　→	(8)	

② 次の文を読んで，あとの問いに答えなさい。

> A 第5代将軍が制度や儀礼を整えて政治に生かし，特に朱子学を重んじた。
> B 第8代将軍が政治と財政の立て直しをめざして，享保の改革を始めた。
> C 田沼意次が商人の経済力を利用して，幕府の財政を立て直そうとした。
> D 松平定信が農村の復興などをはかって，寛政の改革を始めた。
> E 水野忠邦が幕府の権威を回復させようとして，天保の改革を始めた。

よくでる (1) AとBの文中の将軍の組み合わせを，次の**ア〜エ**の中から1つ選び，その記号を書きなさい。(6点)

ア A 徳川秀忠　　B 徳川家光　　**イ** A 徳川綱吉　　B 徳川吉宗

ウ A 徳川綱吉　　B 徳川家光　　**エ** A 徳川家光　　B 徳川吉宗

難 (2) 文中のころの文化について正しく述べたものを，次の**ア〜エ**の中から1つ選び，その記号を書きなさい。(6点)

ア AとBの間の時期に栄えた文化は，上方を中心に栄えた。

イ AとBの間の時期に栄えた文化を，化政文化という。

ウ DとEの間の時期に栄えた文化では，井原西鶴が活躍した。

エ DとEの間の時期に栄えた文化の担い手は，皇族や公家が中心であった。

よくでる (3) 次の①〜⑤の政策がとられたのは，A〜Eのどの時期ですか。A〜Eの中から1つずつ選び，その記号を書きなさい。(6点×5)

① 目安箱を設けたり，公事方御定書という裁判の基準となる法律を定めたりした。

② 株仲間を解散させたり，江戸・大阪周辺の農村を幕領にしようとしたりした。

③ 株仲間の結成を奨励し，これに特権をあたえるかわりに税を取ったり，長崎貿易で海産物の輸出を奨励したりした。

④ 生類憐みの令を出して人々を苦しめ，質の悪い貨幣を多量に発行し物価高をまねいた。

⑤ 農村の倉に米を蓄えさせたり，旗本や御家人の借金を帳消しにしたりした。

(1)		(2)		(3)	①		②		③	

(3)	④			⑤		

③ 次の文章を読んで，あとの問いに答えなさい。(愛媛県改)

　右の表は，江戸時代の，江戸，大阪，京都における，それぞれの都市の総面積に占める，公家地，武家地，町人地，寺社地などの面積の割合をあらわしたものであり，表中の**A〜C**は，それぞれ江戸，大阪，京都のいずれかです。大阪にあたる都市を，**A〜C**から一つ選び，その記号を書きなさい。(6点)

(単位：%)

項目都市	公家地	武家地	町人地	寺社地	その他
A	－	77.4	9.8	10.3	2.5
B	3.3	5.0	40.1	14.0	37.6
C	－	22.3	57.7	7.8	12.2

(注) 17世紀中頃の様子である。公家地，武家地，町人地は，それぞれ，公家，武士，町人が居住する区域であり，寺社地は，寺や神社が所有する区域である。その他は，空き地などである。－は，面積の割合が少なく，数値化されていないことをあらわしている。

(歴史公論による)

① 欧米諸国の発展とアジア進出

テストがある日
月　　日

STEP 1　要点チェック

テスト1週間前から確認!

1 欧米諸国の近代革命

① 各国の近代化の動き　**よくでる**

● 啓蒙思想家…ロックは**社会契約説**と抵抗権，モンテスキューは**法の精神**と三権分立，ルソーは社会契約説と**人民主権**を主張→近代の世界に大きな影響をあたえた。

● **イギリス**…17世紀半ば，ピューリタン革命で**クロムウェル**指導のもと共和制実現→王政復活→17世紀後半，名誉革命で**立憲君主制**と**議会政治**が確立。**権利章典**〔権利の章典〕を制定。

● **アメリカ**…本国イギリスへの不満から，北アメリカの植民地の人々が1776年に**独立宣言**を発表。独立戦争でイギリスに勝利し，**アメリカ合衆国**が成立。初代大統領は**ワシントン**。

● **フランス**…17世紀後半は**絶対王政**。重税に平民の不満が高まる→1789年，**フランス革命**が起こり**人権宣言**を発表→**ナポレオン**が**皇帝**になり，ヨーロッパの大部分を支配。

② **産業革命**…18世紀後半，イギリスで**蒸気機関**が改良される→19世紀のイギリスは「**世界の工場**」に→広がる**資本主義**に対し，マルクスの『**資本論**』に影響をうけた**社会主義**が批判。
　　└ワットらによる　　　　　　　　　　　　　└競争しながら利益の拡大をめざす経済のしくみ

③ **南北戦争**…貿易や奴隷制をめぐる対立→**リンカン**〔リンカーン〕大統領のもと，北部が勝利。
　　　　　　　　　　　　　　　　　　　　　　└「人民の，人民による，人民のための政治」

2 ヨーロッパ諸国のアジア進出

① **アヘン戦争**…**列強**のイギリスが，**清**〔中国〕にインドで栽培した**アヘン**を売る→清がアヘンの密輸を取りしまる→1840年，アヘン戦争が起こりイギリスが勝利。**南京条約**を結び，**香港**を獲得。翌年，不平等条約を結ばせる→戦乱や重税に苦しむ清の人々が，**洪秀全**を中心に**太平天国の乱**を起こす。
　└経済的・軍事的に影響力のある大国　　└麻薬の一種

② **インド大反乱**…1857年，インド兵の反乱をきっかけに起こる→イギリスが鎮圧し，植民地支配を進める。

▼ 三角貿易

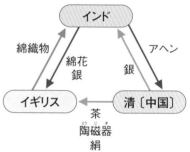

テストの**要点**を書いて確認　　空欄にあてはまる言葉を書こう　　別冊解答 P.15

年代	できごと
1688	イギリスで① 　　　　　 が起こる
1789	フランス革命が起こり，② 　　　　　 を発表
1840	イギリスと清の間で③ 　　　　　 が起こる
1857	インドで④ 　　　　　 が起こり，イギリスが鎮圧
1861	アメリカで⑤ 　　　　　 が起こり，北部が勝利

●啓蒙思想家

⑥	社会契約説と抵抗権を唱えた。
⑦	法の精神と三権分立を説いた。
⑧	社会契約説と人民主権を主張した。

STEP
2
基本問題

テスト
5日前
から確認！

別冊解答 P.15

得点

／100点

1 右の資料を見て，次の問いに答えなさい。

(1) 右の資料を何といいますか。
次の**ア〜ウ**の中から１つ選
び，その記号を書きなさい。
(10点)

> 第1条　人は生まれながらに，自由で平等な権利をもつ。社会的な区別は，ただ公共の利益に関係のある場合にしか，設けられてはならない。
>
> 第3条　主権の源は，もともと国民の中にある。どのような団体や個人であっても，国民から出たものでない権力を使うことはできない。
>
> （部分要約）

ア　人権宣言
イ　独立宣言
ウ　権利章典〔権利の章典〕

[　　　　]

(2) 右の資料が出されたのはどの
革命のときですか。次の**ア〜ウ**の中から１つ選び，その記号を書きなさい。(10点)

ア　名誉革命　　**イ**　ピューリタン革命　　**ウ**　フランス革命

[　　　　]

2 次の文章の（　①　）〜（　⑤　）にあてはまる語句を，あとの**ア〜オ**の中からそれぞれ選び，その記号を書きなさい。(10点×5)

　18世紀後半，イギリスで蒸気機関が広く使われるようになり，それにあわせて産業や社会のしくみに変化が起きた。これを（　①　）とよぶ。（　①　）によって，お金や元手をもつ者は（　②　）として（　③　）をやとい，利益を求めるようになった。これを（　④　）とよぶ。しかし，（　④　）の下では（　③　）の権利や健康はないがしろにされることが多く，さまざまな社会問題も発生した。そこで，（　⑤　）の考え方も出てきた。

ア　資本主義　　**イ**　社会主義　　**ウ**　労働者　　**エ**　資本家
オ　産業革命

①[　　　]　　②[　　　]　　③[　　　]
④[　　　]　　⑤[　　　]

3 次の問いに答えなさい。

(1) アヘン戦争で勝利したのは，イギリスと清〔中国〕のどちらですか。書きなさい。(15点)

[　　　　]

(2) 1857年に反乱が起こった後，イギリスの国王が皇帝となった国はどこですか。(15点)

[　　　　]

1
(1) 1789年に出された宣言である。

第4章
1
欧米諸国の発展とアジア進出

2
アメリカの独立戦争やフランス革命のほか，人々の生活や社会のしくみの面でも革命が起こっていた。資本主義→社会主義の流れであることを思い出す。

3
(2) イギリスの三角貿易で，アヘンを清に輸出していた国である。

1 右の年表を見て，次の問いに答えなさい。

(1) 年表中**A**の説明として正しいものを，次の**ア〜エ**の中から1つ選び，その記号を書きなさい。(5点)

ア 国王が戦争をくり返し，ベルサイユ宮殿で豪華な生活をするなどしたため財政が赤字になり，その負担に耐えかねた平民が起こした。

イ 本国に有利な法律に従うことや，一方的に税を納めることに不満をもった人々が，本国からの独立をめざして起こした。

ウ 資本家を中心とする勢力と，大農場主を中心とする勢力が，貿易の進め方や奴隷制の存続などをめぐって対立して起こった。

エ 戦争のために新しく税をかけることを決めた王に反発した議会が，クロムウェルの指揮のもと勝利をおさめ，共和制を勝ち取った。

年代	で き ご と
17世紀半ば	ピューリタン革命…A
1688	名誉革命…………B
1689	（　　　）………C
1776	独立宣言…………D
1789	フランス革命………E
1861	南北戦争…………F

(2) 年表中**B**は，**A**と同じ国で起こりました。その国はどこですか。次の**ア〜エ**の中から1つ選び，その記号を書きなさい。(5点)

ア イギリス　　**イ** イタリア　　**ウ** オランダ　　**エ** ドイツ

(3) 年表中**B**の結果，翌年に出された**C**は何ですか。(5点)

(4) 年表中**D**について，次の問いに答えなさい。(5点×2)

① アメリカは，どの国からの独立をめざして戦いましたか。国名を書きなさい。

難 ② 啓蒙思想家として抵抗権や社会契約説を説き，アメリカの独立戦争に影響をあたえたのはだれですか。次の**ア〜エ**の中から1つ選び，その記号を書きなさい。

ア ルソー　　**イ** ロック　　**ウ** モンテスキュー　　**エ** ワシントン

(5) 年表中**E**について，次の問いに答えなさい。

① **E**のときに出された宣言を何といいますか。(10点)

文章記述 ② **E**の後，各国がフランスに干渉し，長い戦争が始まりました。各国が干渉した理由を，簡単に書きなさい。(5点)

(6) 年表中**F**について，この戦争中に有名な演説を行い，北部を勝利にみちびいた大統領はだれですか。書きなさい。(5点)

(1)		(2)		(3)		
(4)	①			②		(5)	①
(5)	②					(6)	

□□は、□て
ゆく人だ。

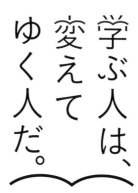

学ぶ人は、
変えて
ゆく人だ。

目の前にある問題はもちろん、

人生の問いや、社会の課題を自ら見つけ、

挑み続けるために、人は学ぶ。

「学び」で、少しずつ世界は変えてゆける。

いつでも、どこでも、誰でも、

学ぶことができる世の中へ。

旺文社

2 次の問いに答えなさい。

(1) 18世紀の後半，イギリスで新しい蒸気機関（じょうきぎかん）が使われるようになり，それにともなって産業や社会の変化が起こりました。これを何といいますか。(5点)

(2) 次の**ア**～**エ**の文を読んで，資本主義（しほんしゅぎ）に関係のあるものには**A**，社会主義（しゃかい）に関係のあるものには**B**を書きなさい。(5点×4)

ア 利益を求めて，たがいが自由に競争すれば経済は発展してゆく。

イ 階級差のない平等な社会をめざす。

ウ 資本家は事業をおこし，労働者（ろうどうしゃ）をやとって働かせて利益をあげた。

エ 機械や土地などを社会の共有とする。

(1)						
(2)	**ア**		**イ**		**ウ**		**エ**	

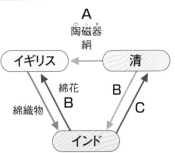

3 次の文を読んで，あとの問いに答えなさい。

　経済力（けいざいりょく）をつけた欧米諸国（おうべいしょこく）は，アジア進出をめざすようになった。イギリスは清（しん）〔中国〕と貿易していたが，その赤字をおぎなうため，インドを入れた三角貿易を始めた。**a**この貿易に不満であった清に対し，イギリスは1840年に戦争を起こし勝利した（アヘン戦争）。そして，この戦争のあとの1842年，イギリスは**b**条約を結び，清への進出の足がかりとした。このころ，清は国内が混乱しており，洪秀全（こうしゅうぜん）が（　**X**　）をつくると，重い負担（ふたん）に苦しむ農民などが加わり，一気に大勢力となった（（　**X**　）の乱（らん））。この乱を清はなかなかおさえられず，勢力の弱まりを欧米諸国に知らせることとなった。

　一方，インドでもイギリスの影響（えいきょう）は強まっていたが，1857年，インド兵によるイギリス人上官への反抗（はんこう）をきっかけにして，**c**インド各地で反乱（はんらん）が起こった。

(1) 下線部**a**について示した右の図を見て，図中の**A**～**C**にあてはまる語句の組み合わせとして正しいものを，次の**ア**～**エ**の中から1つ選び，その記号を書きなさい。(10点)

ア A―茶　　B―アヘン　　C―銀

イ A―茶　　B―銀　　　　C―アヘン

ウ A―銀　　B―茶　　　　C―アヘン

エ A―銀　　B―銀　　　　C―アヘン

(2) 下線部**b**は何という条約ですか。(10点)

(3) 文中の（　**X**　）には共通の語句が入ります。あてはまる語句を書きなさい。(5点)

(4) 下線部**c**の結果を正しく説明しているものを，次の**ア**～**エ**の中から1つ選び，その記号を書きなさい。(5点)

ア 反乱は成功し，インドからイギリスを撤退（てったい）させた。

イ 反乱は話し合いで解決し，インド皇帝（こうてい）のもと，イギリスは貿易を続けた。

ウ 反乱は成功し，反乱勢力は自分たちの政府をつくった。

エ 反乱はイギリスによりおさえられ，イギリスの植民地（しょくみんち）支配が強まった。

(1)		(2)		(3)	
(4)					

2 開国と江戸幕府の滅亡

STEP 1 要点チェック

テスト
1週間前
から確認!

1 ペリーの来航と開国

① **ペリー来航** よくでる

- 1853年，アメリカの東インド艦隊司令長官のペリーが浦賀（神奈川県）に来航→1854年，**日米和親条約**を結び，2港を開港。

② **日米修好通商条約**（1858年）おぼえる!

- 5港を開港，自由な貿易を認める。**不平等条約。**
- **領事裁判権〔治外法権〕を認めた**…外国人が日本の法を犯した場合でも，日本の法律で裁くことはできず，外国の領事が自国の法律にもとづき裁判を行う。
- **日本に関税自主権がない**…外国からの輸入品などに自主的に関税をかけることができない。

③ **開国の影響**…物価上昇で人々の生活が苦しくなる。金が大量に海外へ流出。

2 江戸幕府の滅亡

① **尊王攘夷運動の高まり**…大老の井伊直弼が**安政の大獄**で取りしまり。幕府は**公武合体**政策を進める。

└天皇をうやまい,外国の勢力を排除する└朝廷との融和をはかった

② **倒幕への流れ**

- **薩長同盟**…長州藩（木戸孝允ら）と薩摩藩（西郷隆盛・大久保利通ら）が坂本龍馬らの仲立ちで結ぶ。
- **ええじゃないか**…民衆の熱狂。世直しへの期待。

③ **大政奉還と王政復古** よくでる

- 1867年10月，第15代将軍徳川慶喜が**大政奉還**→12月，朝廷が**王政復古**の大号令。
- **戊辰戦争**…鳥羽・伏見の戦い→江戸城無血開城→**函館**で旧幕府軍が降伏し終結。

▼ 開港地

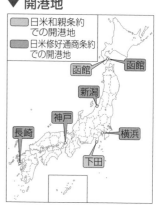

日米和親条約での開港地
日米修好通商条約での開港地

函館　函館
新潟
神戸
長崎　横浜
下田

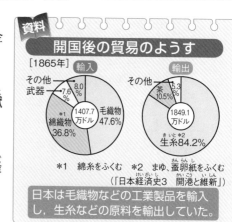

資料

開国後の貿易のようす

〔1865年〕 輸入

その他 8.0%
武器 7.6%
1407.7万ドル
綿織物 36.8% *1
毛織物 47.6%

輸出

その他 5.3%
茶 10.5%
1849.1万ドル
生糸 84.2% *2

*1 綿糸をふくむ　　*2 まゆ，蚕卵紙をふくむ
（「日本経済史3 開港と維新」）

日本は毛織物などの工業製品を輸入し，生糸などの原料を輸出していた。

テストの要点を書いて確認　空欄にあてはまる言葉を書こう　　別冊解答 P.16

- 1853年，① [　　　　　] が浦賀に来航し，翌年 ② [　　　　　] を結んだ。

- 1858年，日本はアメリカと ③ [　　　　　] を結んだが，これは ④ [　　　　　] を認め，⑤ [　　　　　] がない不平等条約であった。

- 1867年，徳川慶喜が ⑥ [　　　　　] をすると，12月に朝廷が ⑦ [　　　　　] を出し，天皇中心の新政府の樹立を宣言した。

- 京都の ⑧ [　　　　　] ・伏見の戦いで ⑨ [　　　　　] 戦争が始まり，⑩ [　　　　　] で旧幕府軍が降伏して終結した。

STEP 2 基本問題

1 次の問いに答えなさい。

(1) 1853年，4隻の軍艦を率いて日本にやってきた，アメリカの東インド艦隊司令長官はだれですか。次の**ア〜エ**の中から1つ選び，その記号を書きなさい。(10点)

ア ペリー 　　　　**イ** ザビエル
ウ ラクスマン
エ ワシントン 　　　[　　　]

> 第4条 すべて日本に対して輸出入する商品は別に定めるとおり，日本政府へ関税を納めること。
> 第6条 日本人に対して法を犯したアメリカ人は，アメリカ領事裁判所において取り調べのうえ，アメリカの法律によって罰すること。(部分要約)

(2) 右の資料を読んで，次の問いに答えなさい。(10点×2)

① これは，日本とアメリカが1858年に結んだ条約です。この条約を何といいますか。 [　　　]

② 資料の下線部のような権利を何といいますか。 [　　　]

2 次の文章を読み，あとの問いに答えなさい。

　朝廷の許可を得ずに外国と条約を結んだ幕府に対する批判は高まり，天皇を中心に国としてまとまって外国勢力を排除しようとする（ ① ）運動が起こった。

　運動が高まる中，長州藩と薩摩藩は1866年に（ ② ）同盟を結んで倒幕をめざすようになった。

　江戸幕府第15代将軍であった（ ③ ）は，いったん政権を朝廷に返し，新しくできた政権の中で中心的な役割を占めることを考え，1867年10月に（ ④ ）を行った。これに反対した倒幕勢力は朝廷を動かして，1867年12月に（ ⑤ ）の大号令を発し，これからは天皇中心の政治を行うことを宣言した。こののち，旧幕府軍と新政府軍の間で（ ⑥ ）戦争とよばれる戦争が起こった。

(1) 文中の（ ① ）〜（ ⑥ ）にあてはまる語句を書きなさい。

① [　　　] 　　② [　　　] 　　(10点×6)
③ [　　　] 　　④ [　　　]
⑤ [　　　] 　　⑥ [　　　]

(2) 下線部について，安政の大獄を行い，この運動をきびしく取りしまった人物はだれですか。次の**ア〜ウ**の中から1つ選び，その記号を書きなさい。(10点)

ア 水野忠邦 　　**イ** 吉田松陰 　　**ウ** 井伊直弼 　　[　　　]

1
(1) **エ**のワシントンはアメリカ合衆国の初代大統領。
(2)① 1854年にアメリカと結んだのは日米和親条約。

第4章
2
開国と江戸幕府の滅亡

2
(1) ②この同盟の仲立ちをしたのが坂本龍馬である。
④政権〔大政〕を朝廷に返すという意味の言葉が入る。
(2) 幕府で大老の職にあった人物である。のちに桜田門外の変で暗殺される。

1 次の文を読んで，あとの問いに答えなさい。

　　中国への進出を考えていたアメリカは，太平洋横断の中継地点として，日本に食料や水，燃料などの補給を求めるようになった。そこで，1853年，アメリカの東インド艦隊司令長官の（　①　）が浦賀に来航して開国をせまり，翌年の1854年には（　②　）条約を結び，下田・函館の２港を開港した。さらに，1858年にはa（　③　）条約を結んでb５港を開き，自由な貿易を行うことになった。次いで幕府はcほかの４か国とも同様の条約を結んだ。開国後のd欧米諸国との貿易によって，e日本の経済は大きく変わった。

(1)　（　①　）～（　③　）にあてはまる語句をそれぞれ書きなさい。(5点×3)

(2)　下線部aについて，この条約が不平等条約といわれるのはなぜですか。その理由を簡単に書きなさい。(10点)

(3)　下線部bの５港にあてはまらない港を，右の地図中のア～エの中から１つ選び，その記号を書きなさい。(5点)

(4)　下線部cにふくまれない国を，次のア～エの中から１つ選び，その記号を書きなさい。(5点)

　　ア　ドイツ　　　　　　　イ　フランス
　　ウ　オランダ　　　　　　エ　ロシア

(5)　下線部dについて，外国からの輸入品と，日本からの輸出品の組み合わせとして正しいものを，次のア～エの中から１つ選び，その記号を書きなさい。(5点)

　　ア　外国からの輸入品—生糸　　　　　　日本からの輸出品—毛織物
　　イ　外国からの輸入品—毛織物　　　　　日本からの輸出品—艦船
　　ウ　外国からの輸入品—生糸　　　　　　日本からの輸出品—武器
　　エ　外国からの輸入品—毛織物　　　　　日本からの輸出品—生糸

(6)　下線部eについて述べた文として正しいものを，次のア～エの中から２つ選び，その記号を書きなさい。(5点×2)

　　ア　日本と外国との貿易が活発となり，物価が下がって人々の生活は楽になった。
　　イ　海外と金銀の交換比率が違うため，外国の金が大量に国内に入った。
　　ウ　日本と外国との貿易が活発となり，物価が上昇して人々の生活は苦しくなった。
　　エ　海外と金銀の交換比率が違うため，日本の金が大量に国外に流出した。

(1)	①		②		③	
(2)						
(3)		(4)		(5)		(6)	

2 次のA〜Eの文を読んで，あとの問いに答えなさい。

A　新政府軍と旧幕府軍の間で，戊辰戦争が起こった。

B　<u>尊王攘夷運動</u>が高まる中，これを取りしまった大老の（　　　　）が暗殺された。

C　薩摩藩と長州藩は，ある人物の仲立ちにより薩長同盟を結んだ。

D　倒幕勢力が朝廷を動かして（　　　　）を出した。

E　江戸幕府第15代将軍の（　　　　）が，大政奉還を行った。

(1) Aについて，戊辰戦争が終わった場所はどこですか。下の地図中の**ア〜エ**の中から1つ選び，その記号を書きなさい。(5点)

(2) Bについて，次の問いに答えなさい。

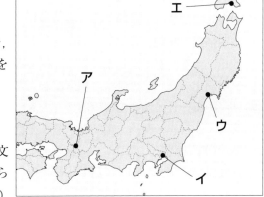

① 文中の（　　　　）にあてはまる人物を，次の**ア〜エ**の中から1つ選び，その記号を書きなさい。(5点)

ア 井伊直弼　　　　**イ** 渡辺崋山

ウ 田沼意次　　　　**エ** 松平定信

② 下線部の尊王攘夷運動について述べた文として正しいものを，次の**ア〜エ**の中から1つ選び，その記号を書きなさい。(10点)

ア 幕府の将軍をうやまい，外国の勢力を排除しようとする。

イ 各藩の藩主を第一に考え，外国勢力を排除しようとする。

ウ 天皇をうやまい，外国とも協力していこうとする。

エ 天皇をうやまい，外国の勢力を排除しようとする。

(3) Cについて，当時の長州藩を代表する人物，薩摩藩を代表する人物，薩長同盟の仲立ちをした中心人物の組み合わせとして正しいものを，次の**ア〜エ**の中から1つ選び，その記号を書きなさい。(10点)

ア 長州藩—西郷隆盛　　　薩摩藩—坂本龍馬　　　仲立ちをした人物—木戸孝允

イ 長州藩—木戸孝允　　　薩摩藩—坂本龍馬　　　仲立ちをした人物—西郷隆盛

ウ 長州藩—木戸孝允　　　薩摩藩—西郷隆盛　　　仲立ちをした人物—坂本龍馬

エ 長州藩—西郷隆盛　　　薩摩藩—木戸孝允　　　仲立ちをした人物—坂本龍馬

(4) Dの（　　　　）には，天皇中心の政治にもどすことを内容とする宣言が入ります。あてはまる語句を書きなさい。(5点)

(5) Eの（　　　　）にあてはまる人物はだれですか。次の**ア〜エ**の中から1つ選び，その記号を書きなさい。(5点)

ア 徳川家康　　**イ** 徳川家光　　**ウ** 徳川吉宗　　**エ** 徳川慶喜

(6) A〜Eのできごとを古い順に正しく並べかえたものを，次の**ア〜エ**の中から1つ選び，その記号を書きなさい。(10点)

ア B→C→A→D→E　　　　　**イ** B→D→E→C→A

ウ B→C→E→D→A　　　　　**エ** B→E→D→C→A

(1)		(2) ①		②		(3)		(4)	

(5)		(6)	

3 明治維新

STEP 1 要点チェック

テスト1週間前から確認!

1 明治維新 よくでる

① **明治維新**…近代国家への変革。1868年，天皇が**五箇条の御誓文**で新しい政治の方針を示す。

● **中央集権国家へ**…**版籍奉還**→**廃藩置県**。中央政府は藩閥政治。四民平等，解放令（1871年）。
└土地や人民を政府に返させる └藩を廃止して府県を置く　　差別されていた人々も平民と同じと宣言

● **富国強兵**…**学制**（6歳以上の男女に小学校教育），**徴兵令**（満20歳となった男子に兵役）・**地租改正**（土地所有者が地価に応じて**税〔地租〕**を現金で納める→国家の財政の安定）。

② **文明開化**…洋服。太陽暦。**福沢諭吉**『**学問のすゝめ**』。**中江兆民**がルソーを紹介。

③ **殖産興業**…近代産業を積極的に育てる動き。**岩倉使節団**は国力充実の必要性を痛感。

● 交通・通信網の整備。**富岡製糸場**など**官営模範工場**。蝦夷地を北海道に→**屯田兵**ら開拓。

④ **明治初期の外交**…琉球に**沖縄県**を置く（**琉球処分**）。清と**日清修好条規**。征韓論は退けられたが
江華島事件をきっかけに**日朝修好条規**。ロシアと**樺太・千島交換条約**を結ぶ。
カンファド　　　　　　　　　　　　　　武力で朝鮮に開国をせまる

2 立憲国家の成立

① **自由民権運動**…**板垣退助**らが**民撰議院設立の建白書**→西南戦争ののち政府批判が言論中心に→
国会期成同盟結成→**国会開設の勅諭**→**自由党**（党首：板垣退助）・**立憲改進党**（党首：**大隈重信**）結成。

● **政府の準備**…**伊藤博文**が**ドイツ〔プロイセン〕**の憲法を研究。**内閣制度**を創設し，初代**内閣総理大臣**に。

② **大日本帝国憲法**…1889年2月11日発布。**欽定憲法**。1890年，**教育勅語**が出される。

● **帝国議会**…**衆議院**と**貴族院**。衆議院議員の選挙権は満**25歳以上**の直接国税を**15円以上**納める男子のみ。

資料
大日本帝国憲法

第1条	大日本帝国ハ万世一系ノ天皇之ヲ統治ス
第3条	天皇ハ神聖ニシテ侵スヘカラズ
第11条	天皇ハ陸海軍ヲ統帥ス

主権は天皇にあった

テストの 要点 を書いて確認　　空欄にあてはまる言葉を書こう　　別冊解答 P.18

年代	できごと
1868	天皇が①　　　　　　　　　　　　　で政治の方針を示す
1869	②　　　　　　　　で土地と人民を政府に返させる
1871	③　　　　　　　　で藩のかわりに県や府を置く
1873	④　　　　　　　　で国民に兵役の義務
	⑤　　　　　　　　で地価の3%を現金で納めさせる
1889	⑥　　　　　　　　が発布される

STEP
2
基本問題

テスト
5日前
から確認!

別冊解答 P.18

得点
／100点

1 右の資料を読んで，次の問いに答えなさい。

(1) 右の資料は，1868年に天皇が神にちかう形で出されたものです。これを何といいますか。書きなさい。
(10点)

[　　　　　　]

> 一，広ク会議ヲ興シ万機公論ニ決スヘシ
> 一，上下心ヲ一ニシテ盛ニ経綸ヲ行フヘシ
> 一，官武一途庶民ニ至ル迄，各其志ヲ遂ケ，人心ヲシテ倦マサラシメン事ヲ要ス
> 一，旧来ノ陋習ヲ破リ天地ノ公道ニ基クヘシ
> 一，智識ヲ世界ニ求メ大ニ皇基ヲ振起スヘシ

(2) (1)が出されたのち，それまで藩が支配していた土地や人民を政府に返させたことを何といいますか。書きなさい。(10点)

[　　　　　　]

(3) 富国強兵のうち，「強兵」にあたる内容を，次のア～エの中から1つ選び，その記号を書きなさい。(20点)

ア　学制　　イ　徴兵令　　ウ　解放令　　エ　教育勅語

[　　　　　　]

(4) 明治政府は，条約改正の交渉や西洋の政治・産業などを学ぶために，大規模な使節団を欧米に送りました。この使節の全権大使はだれですか。次のア～ウの中から1つ選び，その記号を書きなさい。(10点)

ア　伊藤博文　　イ　岩倉具視　　ウ　福沢諭吉　　[　　　　　]

2 次の文章を読んで，あとの問いに答えなさい。

　1877年に鹿児島の士族らが（　A　）で敗れると，政府に不満のある者はa言論で政府を批判し，国民参加の政治を主張するようになった。1881年，政府が国会を開くことを約束すると，民間ではb政党をつくる動きが起こり，政府内では内閣制度がつくられた。

　1889年，天皇が国民にあたえる形で（　B　）憲法が発布され，1890年に第一回帝国議会が開かれた。

(1) （　A　），（　B　）にあてはまる語句をそれぞれ書きなさい。
(15点×2)　　　A [　　　　　]　　B [　　　　　]

(2) 下線部aの動きを何といいますか。書きなさい。(10点)

[　　　　　　]

(3) 下線部bに関連して，自由党の党首になったのはだれですか。次のア～ウの中から1つ選び，その記号を書きなさい。(10点)

ア　板垣退助　　イ　大隈重信　　ウ　西郷隆盛　　[　　　　　]

1
(1) 全部で五箇条である。
(2) 藩を廃止し，府や県を置いた政策と区別する。

第4章
3
明治維新

2
(1) A 西郷隆盛を中心として，反乱が起こった。
(2) 国民が政治に参加する権利を求めた運動である。
(3) 民撰議院設立の建白書を政府に提出した人物である。

STEP
3
得点アップ問題

テスト
3日前
から確認!

別冊解答 P.18

得点

／100点

1 次のA～Fの文を読んで,あとの問いに答えなさい。

A 新しい政治の方針として五箇条の御誓文が出された。

B 政府は,財政を安定させるため,地租改正を行った。

C 岩倉使節団を派遣し,欧米の進んだ政治や産業を視察した。

D 政府は,近代的な産業をおこすためさまざまな取り組みを行った（殖産興業）。

E 文明開化がおこり,人々の生活や考え方に大きな変化が出てきた。

F 近隣諸国と条約を結び,近代的な国際関係をきずいた。

 (1) Aの説明として正しいものを,次の**ア～エ**の中から1つ選び,その記号を書きなさい。(8点)

ア 江戸幕府の将軍が天皇にちかう形で出された。

イ 江戸幕府の老中が将軍にちかう形で出された。

ウ 天皇が神にちかう形で出された。

エ 薩摩藩と長州藩が天皇にちかう形で出された。

(2) Bについて,地租改正とはどのような政策でしたか。「所有者」,「地券」という言葉を使って,簡単に書きなさい。(8点)

(3) Cについて,この使節団に参加した人物として誤っているものを,次の**ア～エ**の中から1つ選び,その記号を書きなさい。(8点)

ア 伊藤博文　　**イ** 大久保利通　　**ウ** 大隈重信　　**エ** 岩倉具視

(4) Dについて,「殖産興業」の具体的内容として正しいものを,次の**ア～ウ**の中から1つ選び,その記号を書きなさい。(8点)

ア 屯田兵を中心にして,沖縄県の開発を進めた。

イ 富岡製糸場など,官営の模範工場が各地に建てられた。

ウ 東京と神戸を飛行機で結ぶなど,交通を整えた。

(5) Eに関連して,『学問のすゝめ』を書いたのはだれですか。(8点)

(6) Fについて正しく説明している文を,次の**ア～エ**の中から1つ選び,その記号を書きなさい。(8点)

ア 日本が朝鮮と結んだ日朝修好条規は,両国が対等の内容であった。

イ 岩倉具視や木戸孝允は征韓論を主張したが受け入れられず,政府を去った。

ウ 日本は江華島事件をきっかけとして日清修好条規を結んだ。

エ 日本はロシアと条約を結び,樺太はロシア領,千島全島は日本領とした。

(1)					
(2)					
(3)		(4)	(5)		(6)

2 右の年表を見て，次の問いに答えなさい。

年代	できごと
1877	西南戦争が起こる…A
	自由民権運動の高まり
1881	政府は（　　　　）を約束する…B
1885	内閣制度ができ，（　　　　）が初代内閣総理大臣となる…C
1889	大日本帝国憲法が発布される…D
1890	第一回帝国議会…E

(1) 年表中**A**について，西南戦争が起こった場所と，反乱軍側の中心人物の組み合わせとして正しいものを，次の**ア〜エ**の中から1つ選び，その記号を書きなさい。(6点)

ア 場所—高知　　　人物—板垣退助

イ 場所—鹿児島　　人物—西郷隆盛

ウ 場所—高知　　　人物—西郷隆盛

エ 場所—鹿児島　　人物—板垣退助

(2) 年表中**B**について，次の問いに答えなさい。

文章記述 ① 「10年後」という語句を用いて，（　　　　）にあてはまる文を書きなさい。(10点)

② **B**の後，政党をつくる動きが活発となりました。党名と党首の組み合わせとして正しいものを，次の**ア〜エ**の中から1つ選び，その記号を書きなさい。(6点)

ア 自由党—大隈重信　　　　　**イ** 立憲改進党—板垣退助

ウ 立憲改進党—大隈重信　　　**エ** 自由党—大久保利通

(3) 年表中**C**について，次の問いに答えなさい。(6点×2)

① （　　　　）にあてはまる人物名を書きなさい。

② ①の人物は，憲法の草案もつくりました。どこの国のものを参考にしてつくりましたか。次の**ア〜エ**の中から1つ選び，その記号を書きなさい。

ア イギリス　　**イ** フランス　　**ウ** アメリカ　　**エ** ドイツ〔プロイセン〕

(4) 年表中**D**について，次の問いに答えなさい。(6点×2)

① 大日本帝国憲法の説明として誤っているものを，次の**ア〜エ**の中から1つ選び，その記号を書きなさい。

ア 天皇から国民にさずける，という形で出された。

イ 天皇は元首として国の統治権をもっていたが，戦争を行ったり，軍を指揮する権限がなかった。

ウ 議会は二院制で，衆議院と貴族院が設けられた。貴族院の議員は選挙ではなく，天皇の任命などによって選ばれた。

エ 国民は「臣民」とされ，法律の範囲内で言論や集会の自由などが認められた。

② **D**の翌年に，道徳や教育の柱になるものとして出されたものは何ですか。書きなさい。

(5) 年表中**E**について，このとき衆議院議員の選挙権があたえられたのはどのような人々ですか。次の**ア〜エ**の中から1つ選び，その記号を書きなさい。(6点)

ア 満20歳以上で，直接国税を15円以上納める男子。

イ 満20歳以上で，直接国税を15円以上納める男女。

ウ 満25歳以上で，直接国税を15円以上納める男子。

エ 満25歳以上で，直接国税を15円以上納める男女。

(1)		(2)	①			②	
(3)	①			②		(4)	①
(4)	②			(5)			

4 日清・日露戦争

STEP 1 要点チェック

テスト
1週間前
から確認!

1 日清戦争

① **条約改正** おぼえる!

● **条約改正への動き**…**欧化政策**。日本人乗客が水死した**ノルマントン号事件**。
● **領事裁判権〔治外法権〕の撤廃**（陸奥宗光）→**関税自主権の完全回復**（小村寿太郎）。

② **日清戦争** よくでる

● **甲午農民戦争**で**朝鮮半島南部**に清・日本が出兵→**日清戦争**（1894年8月）で日本が勝利→**下関条約**（1895年）で**朝鮮の独立**。日本が**遼東半島・台湾・澎湖諸島**，多額の**賠償金**を獲得。
● **日清戦争後の中国**…欧米列強による**中国分割**。
● **三国干渉**（1895年）…**ロシア・フランス・ドイツ**が**遼東半島を清に返す**よう日本に勧告。

▼ 日清戦争の戦場

2 日露戦争

① **義和団事件**（1900年）…<u>中国で民衆蜂起</u>→8か国連合軍が鎮圧。ロシアが満州に大軍配置。
└外国勢力を排除しようとする動き

● **日英同盟**（1902年）…**ロシアの南下**を警戒。

② **日露戦争** よくでる

● **日露戦争**（1904年）…日本が勝利。┌アメリカのルーズベルト大統領の仲介 **ポーツマス条約**（1905年）で**韓国**における日本の**優越権**，**南樺太**の割譲など→賠償金を得られず，**日比谷焼き打ち事件**。
● <u>**与謝野晶子**</u>や<u>**幸徳秋水**</u>，<u>**内村鑑三**</u>らが戦争に疑問・反対。
　　└歌人　　　　└社会主義者　　└キリスト教徒

③ **韓国と中国**

● **韓国**…**韓国統監府**（初代統監は**伊藤博文**）→1910年，**韓国併合**で**朝鮮総督府**を置く。
● **中国**…**辛亥革命**（1911年）で**孫文**を臨時大総統とする**中華民国**成立→清がほろぶ。

テストの 要点 を書いて確認　空欄にあてはまる言葉を書こう

別冊解答 P.19

日清戦争（1894年）				日露戦争（1904年）	
① ＿＿＿＿＿ 戦争		きっかけ		② ＿＿＿＿＿ 事件	
③ ＿＿＿＿＿ 条約		講和条約		④ ＿＿＿＿＿ 条約	
・⑤ ＿＿＿＿＿ 半島・台湾・澎湖諸島を日本にゆずりわたす　など		条約の内容		・旅順・大連の租借権および長春以南の ⑥ ＿＿＿＿＿ の利権　など	
⑦ ＿＿＿＿＿ …ロシア・ドイツ・フランスが⑤半島を清に返還するよう求める		戦後の様子		⑧ ＿＿＿＿＿ …賠償金がとれなかったことへの不満から民衆が暴動を起こす	

STEP
2

基本問題

テスト
5日前
から確認!

別冊解答 P.19

得点

／100点

1 次の文を読んで，あとの問いに答えなさい。

　1894年，朝鮮をめぐって対立していた日本と清の間に戦争が起こった（a日清戦争）。この戦争は日本の勝利に終わり，日本に有利な内容のb講和条約を結んだ。しかし，この条約の内容をめぐってロシアなどのc三国干渉を受け，日本はロシアへの警戒感を強めるようになった。

(1) 下線部aのきっかけとして正しいものを，次のア～ウの中から1つ選び，その記号を書きなさい。(10点)
　ア　政治改革や外国勢力の排除を求めて甲午農民戦争が起こった。
　イ　日本は朝鮮を開国させ，日朝修好条規を結んだ。
　ウ　中国国内で，洪秀全を中心として太平天国の乱が起こった。

[　　　　　]

(2) 下線部bの条約を何といいますか。書きなさい。(10点)

[　　　　　]

(3) 下線部cの「三国」の組み合わせとして正しいものを，次のア～ウの中から1つ選び，その記号を書きなさい。(20点)
　ア　ロシア・イギリス・アメリカ
　イ　ロシア・アメリカ・ドイツ
　ウ　ロシア・フランス・ドイツ

[　　　　　]

2 次の文章を読み,（　①　）～（　⑥　）にあてはまる語句を書きなさい。
(10点×6)

　日本とロシアは対立を深め，ついに1904年，（　①　）戦争が起こった。日本は苦戦を続けながらも，ロシアと対等以上に戦い，翌年に（　②　）のルーズベルト大統領の仲介で（　③　）条約を結んだ。この条約で，日本は（　④　）における優越権が認められ，他に鉄道の利権や南樺太なども手に入れたが，賠償金が得られなかったため，国内では不満をもった民衆によって暴動が起こった。
　日本は（　④　）の植民地化を進め，1910年には併合した。
　一方，このころ中国では革命運動が起こり，1912年，（　⑤　）を臨時大総統として（　⑥　）が建国された。

①[　　　　　]　　②[　　　　　]
③[　　　　　]　　④[　　　　　]
⑤[　　　　　]　　⑥[　　　　　]

1
(1) 朝鮮で起こった内乱に，日清両国が介入する形で日清戦争は始まった。
(3) 当時，ロシアとフランスは同盟を結んでいた。

第4章
4
日清・日露戦争

2
②当時，この国はどちらかといえば日本に好意的であった。また国際外交である程度の存在感を示すねらいもあった。
⑤三民主義を唱えた革命家である。

1 次の文を読んで，あとの問いに答えなさい。

　　明治時代の日本の外交の重要なテーマの1つは，a不平等条約の改正であった。初めは欧米諸国は応じなかったが，日本が憲法を制定し，近代的な国家のしくみを整えたことや，植民地をめぐる各国の争いもあって，b条約改正に応じるようになった。

　　そんな中，1894年，日清戦争が起こった。この戦争で日本は勝利し，1895年，c（　　　　）条約を結んだ。この条約によって日本は台湾や遼東半島，多額の賠償金などを清から手に入れた。しかし，d三国干渉により，遼東半島は清に返還することになった。

(1) 下線部aについて誤っているものを，次のア～エの中から1つ選び，その記号を書きなさい。(7点)

　ア　岩倉使節団の目的の1つが条約改正であったが，交渉はほとんど進まなかった。

　イ　鹿鳴館で外国人を招いて舞踏会を開き，日本も西洋文明国の仲間入りをしたことを主張し，条約改正を進めようとした。

　ウ　日本の裁判に外国人判事を加える案も出たが，国内で激しい反対を受けた。

　エ　ノルマントン号事件で，フランス人船長はフランス領事の裁判により非常に軽い罪ですんだため，条約改正を求める国内の世論が高まった。

(2) 下線部bについて，次の問いに答えなさい。(7点×2)

　① 1894年に領事裁判権〔治外法権〕の撤廃に成功しましたが，そのときの相手国を，次のア～エの中から1つ選び，その記号を書きなさい。

　ア　イギリス　　イ　フランス　　ウ　アメリカ　　エ　ロシア

　② 1911年に関税自主権が完全に回復したときの外相はだれですか。書きなさい。

(3) 下線部cについて，（　　　）にあてはまる語句を書きなさい。(7点)

(4) 下線部dについて，次の問いに答えなさい。(7点×2)

　① 三国干渉を行った国々の説明として誤っているものを次のア～エの中から1つ選び，その記号を書きなさい。

　ア　江戸時代，この国の使節であるラクスマンが根室にやってきた。

　イ　アヘン戦争で勝利し，南京条約を結んだ。

　ウ　この国で革命が起こったのち，ナポレオンが皇帝となった。

　エ　ビスマルクの努力によって，19世紀後半に統一された。

　② 遼東半島を，右の地図中のア～エの中から1つ選び，その記号を書きなさい。

(1)		(2)	①		②	
(3)				(4)	①		②	

2 右の年表を見て，次の問いに答えなさい。

年代	できごと
1900	（　　　　）事件…………A
1902	日英同盟………………………B
1904	日露戦争………………………C
1905	ポーツマス条約………………D
1910	韓国併合………………………E
1911	辛亥革命………………………F
1912	中国に（　　　　）が成立……G

(1) 年表中**A**の（　　　　）には，武装蜂起し，北京の各国の公使館を包囲した一団の名が入ります。あてはまる語句を書きなさい。(7点)

文章記述 (2) 年表中**B**の同盟を結んだ目的を，簡単に説明しなさい。(8点)

(3) 年表中**C**に関して，出兵した弟を思って，**資料**の歌を発表した人物はだれですか。次の**ア～エ**の中から１つ選び，その記号を書きなさい。(7点)

　　ア 与謝野晶子　　　**イ** 幸徳秋水
　　ウ 夏目漱石　　　　**エ** 内村鑑三

 (4) 年表中**D**について正しいものを，次の**ア～エ**の中から１つ選び，その記号を書きなさい。(7点)

　　ア イギリスの仲介により，この条約を結ぶことができた。
　　イ 日本は旅順や大連の租借権を得ることができなかった。
　　ウ この条約により，千島列島全部が日本の領土となった。
　　エ ロシアから賠償金を得られなかったため，民衆が暴動を起こし，日比谷焼き打ち事件が起こった。

(5) 年表中**E**に関して誤っているものを，次の**ア～エ**の中から１つ選び，その記号を書きなさい。(8点)

　　ア 学校では朝鮮語を教えることが禁じられ，かわりに日本語が教えられた。
　　イ 併合したのち，朝鮮総督府が置かれ，さまざまな手段で植民地化が進められた。
　　ウ 併合に先立って，1905年に韓国は保護国化され韓国統監府が置かれたが，韓国の国内では日本に対する抵抗運動が続いた。
　　エ 1909年には，韓国統監府の初代統監であった大久保利通が満州のハルビン駅で暗殺される事件が起こった。

(6) 年表中**F**について，この革命によってたおれた中国の王朝名を書きなさい。(7点)

(7) 年表中**G**について，次の問いに答えなさい。(7点×2)

　　① （　　　　）にあてはまる国名を書きなさい。

 ② ①の臨時大総統になった孫文について正しいものを，次の**ア～エ**の中から１つ選び，その記号を書きなさい。

　　ア 「非暴力・不服従」を唱えた。　　**イ** 「扶清滅洋」を唱えた。
　　ウ 「三民主義」を唱えた。　　　　**エ** 「滅満興漢」を唱えた。

資料

> ああ　弟よ　君を泣く
> 君死にたまふことなかれ
> 末に生まれし君なれば
> 親のなさけは勝りしも
> 親は刃をにぎらせて
> 人を殺せと教へしや
> 人を殺して死ねよとて
> 二十四までを育てしや
>
> （略）

第**4**章
④
日清・日露戦争

(1)		(2)	

(3)		(4)		(5)		(6)	

(7)	①			②	

5 日本の産業革命と近代文化

STEP 1 要点チェック

テスト1週間前から確認!

1 日本の産業革命

① 近代産業の発展 よくでる

● **日本の産業革命**…1880年代後半から**紡績業**や**製糸業**など**軽工業**中心。重化学工業は**八幡製鉄所**。

② **交通網の発達**…日清戦争後，**国内鉄道**の主要幹線がほぼ完成。1906年，主要な民営鉄道が国有化される。

③ **財閥の成長**…**三井・三菱・住友・安田**などの資本家が経済を支配する。

④ **労働問題・社会問題**…長い労働時間で厳しい環境。

● **労働組合**が結成され，**労働争議**が増える。

● **足尾銅山鉱毒問題**…**渡良瀬川流域の足尾銅山**（栃木県）。衆議院議員の**田中正造**が政府を追及。

● **大逆事件**…1910年，社会主義者の**幸徳秋水**らが天皇暗殺を計画したとして，逮捕・処刑。

● 農村…**地主**は経済力をつける。**養蚕**がさかん。**小作人**は苦しいくらし。

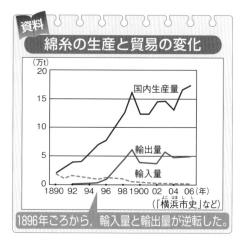
資料
綿糸の生産と貿易の変化
（万t）
国内生産量
輸出量
輸入量
1890 92 94 96 98 1900 02 04 06（年）
（「横浜市史」など）
1896年ごろから，輸入量と輸出量が逆転した。

2 近代文化の発達 おぼえる!

① **近代美術など**…**フェノロサ**と**岡倉天心**が日本の伝統美を再評価。日本画では**横山大観**。洋画では**黒田清輝**。彫刻では**高村光雲**。音楽では，**滝廉太郎**が『**荒城の月**』や『**花**』などを作曲。

② **近代文学**…**言文一致**を**二葉亭四迷**が主張。**樋口一葉**の『**たけくらべ**』や**与謝野晶子**の短歌など女性文学者。**夏目漱石**の『**坊っちゃん**』『**吾輩は猫である**』。**森鷗外**の『**舞姫**』『**高瀬舟**』。

③ **教育の普及**…小学校の就学率は1907年には**97%**となり，義務教育も4年から**6年**に延長。

● **自然科学の発達**…**北里柴三郎**が破傷風の血清療法を発見。**志賀潔**が赤痢菌を発見。**木村栄**が緯度の変化の研究。**長岡半太郎**が原子模型の研究。**鈴木梅太郎**がビタミンB_1を創製。**野口英世**が黄熱病の病原体を研究。

テストの要点を書いて確認　空欄にあてはまる言葉を書こう　別冊解答 P.20

年代	できごと
19世紀末	日本が軽工業で① _____ をむかえる
	三井・三菱など② _____ が成長
1907	義務教育が4年から③ _____ 年に変更
1910	④ _____ で幸徳秋水ら逮捕・処刑

● 文化

作品	作者
『無我』	⑤
『湖畔』	⑥
『坊っちゃん』	⑦
『たけくらべ』	⑧

1 次の文を読んで，あとの問いに答えなさい。

　日本は1880年代の後半から産業革命の時代をむかえた。おもな動力の源である石炭は（　A　）の筑豊地域や北海道で採掘された。

　産業の発達にともない経済も成長し，三井・三菱・住友などの資本家は，金融から貿易，製造業などさまざまな分野に進出して独占的な企業体をつくり，（　B　）とよばれるようになった。

(1) 下線部について，このころの日本で発展した工業は何ですか。次のア〜エの中から1つ選び，その記号を書きなさい。(10点)

　ア　自動車　　イ　石油化学　　ウ　紡績　　エ　鉄鋼 [　　　]

(2) （　A　）にあてはまる語句を，次のア〜エの中から1つ選び，その記号を書きなさい。(5点)

　ア　東北　　イ　四国　　ウ　九州　　エ　近畿　　[　　　]

(3) （　B　）にあてはまる語句を書きなさい。(10点) [　　　]

(4) この時代に起こった大逆事件に関連のある人物にあてはまるものを，次のア〜ウの中から1つ選び，その記号を書きなさい。(5点)

　ア　幸徳秋水　　イ　田中正造　　ウ　与謝野晶子　　[　　　]

2 次の文章の（　①　）〜（　⑦　）にあてはまる語句をア〜ケの中からそれぞれ選び，記号で答えなさい。(10点×7)

　明治時代に入り，西欧の影響を受けながら，日本の文化は大きく変化・発展した。美術では，明治維新後，一時忘れられた日本の伝統美をフェノロサや（　①　）が再評価し，日本画の（　②　）や彫刻の高村光雲が出た。またフランスに留学した（　③　）は『湖畔』などをえがいた。文芸の世界では，（　④　）による口語の文章が新しい表現として広がっていった。そして，『たけくらべ』を書いた（　⑤　）や『坊っちゃん』を書いた（　⑥　），『舞姫』を書いた森鷗外などがあらわれた。

　科学の分野でも活躍する人物があらわれた。（　⑦　）は破傷風の研究で世界的に有名となった。

　ア　夏目漱石　　イ　樋口一葉　　ウ　岡倉天心　　エ　野口英世

　オ　北里柴三郎　　カ　横山大観　　キ　黒田清輝　　ク　志賀潔

　ケ　二葉亭四迷

　①[　　　]　　②[　　　]　　③[　　　]　　④[　　　]

　⑤[　　　]　　⑥[　　　]　　⑦[　　　]

1
(1) 当時の日本の工業は軽工業が中心であることに注意する。
(4) 大逆事件とは，社会主義者を逮捕・処刑した事件。

第4章
5
日本の産業革命と近代文化

2
④それまで，書き言葉は漢文をもとにした文語体であった。
⑥『吾輩は猫である』なども書いた人物。

得点アップ問題

1 次の文を読んで，あとの問いに答えなさい。

　　日本は1880年代の後半に産業革命の時代をむかえた。当時の日本の主な工業は紡績業や製糸業などの**a軽工業**であった。重化学工業では，（　**A**　）戦争で得た賠償金で**b八幡製鉄所**がつくられたが，まだ始まったばかりであった。

　　このころは，官営でつくられた鉱山や工場が次々と民間へ払い下げられ，三井・三菱・住友などの資本家は，**c財閥**とよばれるようになった。

　　このように工業が発達する中，工場や鉱山では長時間のきびしい労働が続き，労働争議や**d社会問題**が起こった。また，**e足尾銅山**のように公害問題が発生した地域もあった。

　　農村では人々は地主と（　**B**　）に分かれ，地主は財産を蓄え資本主義経済の中で力をつける一方で，（　**B**　）は地主から借りたせまい土地で耕作に従事するなど苦しい生活を送る者も多かった。

よくでる
(1) 下線部**a**ともっとも関係がうすいものを，次の**ア～エ**の中から1つ選び，その記号を書きなさい。（5点）

　　ア 富岡製糸場　　**イ** 堺紡績所　　**ウ** 三池炭鉱　　**エ** 愛知紡績所

(2) （　**A**　）にあてはまる語句を書きなさい。（5点）

(3) 下線部**b**の八幡製鉄所の位置を，右の地図中の**ア～エ**の中から1つ選び，その記号を書きなさい。（5点）

文章記述
(4) 下線部**c**について，財閥とはどのようなものですか。簡単に説明しなさい。（5点）

(5) 下線部**d**に関連して，このうち，1910年に起こった，社会主義者の幸徳秋水らが天皇暗殺を計画したとして，逮捕・処刑された事件を何といいますか。（5点）

(6) 下線部**e**について，次の問いに答えなさい。（5点×2）

　① 足尾銅山の位置を，地図中の**ア～エ**の中から1つ選び，その記号を書きなさい。

　② 次の文で説明している人物はだれですか。

　　「議員を辞職して天皇に直訴しようとするなど，生涯をかけ足尾銅山鉱毒問題に取り組んだ。」

(7) （　**B**　）に共通してあてはまる語句を，次の**ア～エ**の中から1つ選び，その記号を書きなさい。（5点）

　　ア 平民　　**イ** 町人　　**ウ** 小作人　　**エ** 屯田兵

(1)		(2)			(3)	
(4)						
(5)		(6) ①		②		(7)

2 次のA～Eの文章を読んで，あとの問いに答えなさい。

A　フェノロサとともに，<u>日本の近代美術に貢献した。</u>

B　『湖畔』などの作品を残し，<u>西洋画</u>の発展に貢献した。

C　『たけくらべ』などの作品を書いた。

D　『坊っちゃん』や『吾輩は猫である』などの作品を書いた。

E　破傷風の研究で業績を残し，<u>日本の医学の発展に貢献した。</u>

(1) A～Eにあてはまる人物はだれですか。次のア～オの中からそれぞれ選び，その記号を書きなさい。（5点×5）

ア　黒田清輝　　イ　岡倉天心　　ウ　夏目漱石　　エ　樋口一葉　　オ　北里柴三郎

(2) Aの下線部について述べた文として正しいものを，次のア～エの中から1つ選び，その記号を書きなさい。（5点）

ア　それまでの日本の伝統美を否定し，西洋的な美を日本に広めた。

イ　錦絵という美しい多色刷りの版画技法をつくり出した。

ウ　オランダ語の書物を翻訳し，広く紹介した。

エ　明治時代に入り，いったんは否定された日本の伝統美を再評価し，復興に努めた。

(3) Bの下線部に関連して，この時代に日本画で活躍した人物を，次のア～エの中から1つ選び，その記号を書きなさい。（5点）

ア　横山大観　　イ　高村光雲　　ウ　滝廉太郎　　エ　葛飾北斎

(4) CやDとほぼ同じ時代に活躍した人物として誤っているものを，次のア～エの中から1つ選び，その記号を書きなさい。（5点）

ア　森鷗外　　イ　松尾芭蕉　　ウ　与謝野晶子　　エ　小泉八雲

(5) Eの下線部について，外国で黄熱病の研究を行い，アフリカで命を落とした人物はだれですか。（5点）

(1)	A		B		C		D		E	
(2)			(3)		(4)		(5)			

3 右のグラフを見て，次の問いに答えなさい。

(1) 1907年に義務教育は何年になりましたか。次のア～エの中から1つ選び，その記号を書きなさい。（5点）

ア　4年　　イ　6年　　ウ　8年　　エ　9年

(2) グラフから読み取ったこととして正しいものを次のア～エの中から1つ選び，その記号を書きなさい。（10点）

ア　男子と女子の就学率を見ると，男子の方が低い時期が続いている。

イ　男子の就学率が80％を超えたのは1885年あたりで，女子の就学率が80％を超えたのは1895年あたりである。

ウ　全体の就学率が50％を超えたのは1880年あたりである。

エ　1905年あたりには，全体の就学率は90％を超えている。

(1)		(2)	

定期テスト予想問題

別冊解答 P.22 ｜ 目標時間 **45**分 ｜ 得点 ／ 100点

1 右の年表を見て，次の問いに答えなさい。

年代	おもなできごと
1854	下田・函館の2港を開き，開国する…A
	⇕ あ
1868	明治政府が五箇条の御誓文を出す……B
	⇕ C
1890	第一回帝国議会が開かれる…………D
	⇕ い
1895	三国干渉…………E
	⇕ う
1904	日露戦争が起こる……………F
	⇕ え
1910	大逆事件が起こる

(1) Aについて，日本が開国を決めたことと関係の深いものを，次の**ア〜エ**の中から1つ選び，その記号を書きなさい。(5点)

　　ア フランシスコ・ザビエルが来航した。
　　イ 朝鮮から通信使が来日した。
　　ウ 四国艦隊から砲撃を受けた。
　　エ アメリカのペリーが来航した。

 (2) Bの五箇条の御誓文の条文を，次の**ア〜エ**の中から1つ選び，その記号を書きなさい。(6点)

　　ア 天皇ハ神聖ニシテ侵スベカラズ
　　イ 大日本帝国ハ万世一系ノ天皇之ヲ統治ス
　　ウ 智識ヲ世界ニ求メ，大ニ皇基ヲ振起スヘシ
　　エ 日本臣民ハ法律ノ範囲内ニ於テ言論著作印行集会及結社ノ自由ヲ有ス

(3) Bの明治政府が，経済を発展させ，強い軍隊をもつことをめざして行った改革の総称を何といいますか。漢字4字で答えなさい。(6点)

(4) Cの期間に起きた次のできごとを，年代の古い順に並べ，その記号を書きなさい。(6点)
　　ア 内閣制度がつくられる。　　　**イ** 民撰議院設立の建白書が政府に提出される。
　　ウ 自由党が結成される。　　　　**エ** 大日本帝国憲法が発布される。

 (5) Dについて，このとき選挙権があたえられたのは，どのような人々でしたか。簡単に説明しなさい。(7点)

(6) Eのうちの1国で起きたできごとを，次の**ア〜エ**の中から1つ選び，その記号を書きなさい。(6点)
　　ア フランス革命　　**イ** 名誉革命　　**ウ** 独立戦争　　**エ** 南北戦争

(7) Fのころ，『坊っちゃん』を発表した人物を，次の**ア〜エ**の中から1つ選び，その記号を書きなさい。(5点)
　　ア 森鷗外　　**イ** 夏目漱石　　**ウ** 与謝野晶子　　**エ** 樋口一葉

(8) 次の①，②のできごとが起こった時期を，年表中の**あ〜え**のうちから1つずつ選んで，その記号を書きなさい。(6点×2)
　　① ロシアの動きに対抗するため，日英同盟を結んだ。
　　② 桜田門外の変で大老の井伊直弼が暗殺された。

(1)		(2)		(3)		(4)	→ 　 → 　 →

(5)	

(6)		(7)		(8) ①		②	

2 明治時代の日本のようすについて，次の問いに答えなさい。(大阪府・改)

(1) 1882年ごろの日本では，自由民権運動が広がっており，一部の自由
党員や生活に苦しむ農民などによる事件が起こるようになっていま
した。その中でも，1884年に埼玉県で起こった秩父事件は大規模な
ものでした。秩父事件が起こった場所を，右の**図**中の**ア〜エ**の中か
ら１つ選び，その記号を書きなさい。(5点)

図

(2) 1888年ごろの日本の政治のようすについて，次の問いに答えなさい。

(6点×2)

① このころ，一部の旧藩の出身者によって政治が行われていました。このとき，内閣制
度を創設して初代の内閣総理大臣となり，大日本帝国憲法の草案の作成にも尽力した人
物はだれですか。次の**ア〜エ**の中から１つ選び，その記号を書きなさい。

ア 原敬 **イ** 犬養毅 **ウ** 吉田茂 **エ** 伊藤博文

② 19世紀後半，明治政府は，欧米諸国との間で幕末に締結された条約の改正に取り組ん
でいました。1894年に，その条約の一部が改正されて欧米諸国が持つ権利が撤廃され，
日本は在住する外国人の裁判を日本の裁判所で行うことができるようになりました。こ
の権利は何とよばれていますか。書きなさい。

(1)		(2)	①		②	

3 次の問いに答えなさい。(山梨県)

(1) 次の資料は，日本を取り巻く世界情勢の変化に関わるできごとを，左から年代の古い順に
並べたものです。資料中にあとのⅠ，Ⅱのできごとを加える場合，**A〜C**のいずれの期間
に加えるべきですか。**A〜C**から１つずつ選び，その記号を答えなさい。(10点×2)

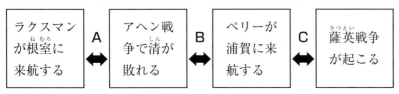

Ⅰ 大老の井伊直弼が殺害される

Ⅱ 外国船（異国船）打払令が出される

(2) 次の表は日清戦争前後の日本の主な貿易品目と貿易額に占める
割合の変化を示したものであり，表中の**A〜C**には生糸，綿花，
綿糸のいずれかが入ります。表中の**A**，**C**に入る貿易品目の組
み合わせとして正しいものを，あとの**ア〜カ**から１つ選び，記
号で書きなさい。(10点)

ア A：生糸 **C**：綿花 **イ A**：生糸 **C**：綿糸

ウ A：綿花 **C**：綿糸 **エ A**：綿花 **C**：生糸

オ A：綿糸 **C**：綿花 **カ A**：綿糸 **C**：生糸

〈輸入〉

1885年（%）		1899年（%）	
A	17.7	B	28.2
砂糖	15.9	砂糖	7.9
綿織物	9.8	機械類	6.2
毛織物	9.1	鉄類	5.4

〈輸出〉

1885年（%）		1899年（%）	
C	35.1	C	29.1
茶	17.9	A	13.3
水産物	6.9	絹織物	8.1
石炭	5.3	石炭	7.2

（「日本貿易精覧」などより作成）

(1)	Ⅰ		Ⅱ	
(2)				

① 第一次世界大戦と日本

STEP 1 要点チェック

テスト
1週間前
から確認!

1 第一次世界大戦

① **第一次世界大戦の開戦** よくでる

- 三国同盟と三国協商が対立。バルカン半島は「ヨーロッパの火薬庫」とよばれた。
- 1914年，**オーストリア**皇太子夫妻が暗殺→同盟国と連合国で**第一次世界大戦**が開戦。
  └─日本は日英同盟を理由に連合国側で参戦
② **ロシア革命**…1917年，レーニン指導で社会主義政権成立。資本主義国が**シベリア出兵**。
- 1922年，ソビエト社会主義共和国連邦〔ソ連〕成立→**スターリン**による共産党独裁。
③ **第一次世界大戦の終結**…1919年，ベルサイユ条約でドイツは巨額の賠償。
- **国際連盟**の設立…1920年，民族自決を唱えるアメリカの**ウィルソン大統領**の提案。
- **ワシントン会議**…1921〜22年に軍縮や太平洋地域の安全について話し合う。
- **ワイマール憲法**…1919年，ドイツで定められた民主的な憲法。
④ **アジアの民族運動** おぼえる!
- **中国**…二十一か条の要求へ反発→**五・四運動**（1919年）。
- **朝鮮**…日本からの独立を求める**三・一独立運動**（1919年）。
- **インド**…ガンディーがイギリスからの完全な自治を求める。

▼ 二十一か条の要求 (1915年)

> 一　中国政府は，ドイツが山東省に持っているいっさいの権益を日本にゆずる。
> 一　日本の旅順・大連の租借の期限，南満州鉄道の期限を99か年延長する。

2 大正デモクラシーと政党内閣

① **第一次護憲運動**…1912年，桂太郎の藩閥政治を批判。
- **吉野作造**の民本主義。民主主義を求める**大正デモクラシー**。
② **政党内閣の成立**…第一次世界大戦中，日本は**大戦景気**。重化学工業が発展。
  └─最初の本格的な政党内閣
- シベリア出兵を見こし米買い占め→**米騒動**→内閣退陣→1918年，**原敬**首相の政党内閣成立。
③ **社会運動の広がり**…**平塚らいてう**が女性解放運動。労働争議や小作争議。全国水平社結成。
- **普通選挙法**…1925年に制定。満25歳以上の男子に選挙権。同時に**治安維持法**も制定。
④ **文化・社会**…ラジオ放送開始。女性の社会進出。**芥川龍之介**。

テストの 要点 を書いて確認　　空欄にあてはまる言葉を書こう

別冊解答 P.23

年代	できごと
1912	第一次 ① 　　　　が起こる
	→桂内閣は退陣
1914	② 　　　　が始まる
1918	原敬による本格的な ③ 　　　　が成立
1925	④ 　　　　と治安維持法が制定される

⑤ 　　　　
イギリス王国　ノルウェー王国　スウェーデン王国　デンマーク王国
⑥ 　　　　
オランダ王国　ベルギー王国　ドイツ帝国　ロシア帝国
□ バルカン半島
フランス共和国　スイス　オーストリア=ハンガリー帝国　ルーマニア王国
ポルトガル共和国　スペイン王国　セルビア王国　ブルガリア王国　アルバニア　ギリシャ王国　トルコ

基本問題

テスト
5日前
から確認!

別冊解答 P.23

得点

／100点

1 右の地図を見て，あとの問いに答えなさい。

(1) 右の地図は，第一次
世界大戦前のヨーロ
ッパをあらわしてい
ます。地図中の**A・
B**にあてはまる語句
を次の**ア・イ**の中か
らそれぞれ選び，そ
の記号を書きなさい。

A
B
C

(10点×2)

ア 三国同盟　**イ** 三国協商　　　A [　　　] B [　　　]

(2) **C**の半島で暗殺されたのはどこの国の皇太子夫妻ですか。次の**ア〜
エ**の中から1つ選び，その記号を書きなさい。(10点)

ア イタリア　　　**イ** ドイツ

ウ オーストリア　**エ** フランス　　　　　[　　　]

(3) 第一次世界大戦の反省をもとに，世界平和や国際協調をめざしてつ
くられた，国際平和のための機関は何ですか。(20点)

[　　　　　　　　]

2 次の文章を読んで，あとの問いに答えなさい。

　1912年に桂太郎が内閣を組織すると，藩閥政治反対を唱える声が
強まり，桂内閣はたおれた（第一次（　**A**　））。

　大正時代には，民主主義の実現をめざすうごきが高まったが，そ
れらの運動を支える考えとして，吉野作造の説く（　**B**　）があった。
1918年の米騒動のあとには最初の<u>本格的な政党内閣が成立した</u>。ま
た，1925年には普通選挙法が定められ，満（　**C**　）歳以上の男子
に選挙権があたえられた。

(1) （　**A**　）にあてはまる語句を書きなさい。(15点) [　　　　]

(2) （　**B**　）にあてはまる語句を，次の**ア〜エ**の中から1つ選び，そ
の記号を書きなさい。(10点)

ア 民主主義　　　　　**イ** 平民主義

ウ 大正デモクラシー　**エ** 民本主義　　　[　　　]

(3) 文中の下線部について，このときの首相はだれですか。(15点)

[　　　　　　　]

(4) （　**C**　）にあてはまる数字を書きなさい。(10点)　[　　　]

1

(1) ドイツ・オーストリア・
イタリアが三国同盟，イギ
リス・ロシア・フランスが
三国協商。

(2) サラエボでセルビア人
の青年に暗殺された。

2

(2) 大日本帝国憲法のも
と，普通選挙によって民衆
の意見を政治に反映させよ
うとする主張。

(3) それまでの首相とちが
って，平民出身であった。

STEP
3
得点アップ問題

テスト
3日前
から確認!

別冊解答 P.23

得点

／100点

1 次の文を読んで，あとの問いに答えなさい。

　　19世紀末から20世紀初めにかけて，ヨーロッパではドイツ・オーストリア・イタリアの
（　A　）と，イギリス・フランス・ロシアの（　B　）が対立していた。

　　1914年に**a**サラエボで，セルビア人の青年にオーストリア皇太子夫妻が暗殺されると，
オーストリアはセルビアに宣戦布告し，まもなく第一次世界大戦が始まった。

　　第一次世界大戦は，国力をかけた総力戦となり，新兵器の使用もあって，大きな被害を
出した。また，大戦中に**b**革命が起こった国もあった。

　　1918年，この大戦が終わると翌年にはパリで講和会議が開かれ，**c**ベルサイユ条約が結
ばれた。

　　また，戦争によって悲惨な結果を招いた反省から，世界平和と国際協調のために，
d1920年に（　　　）が設立された。

　　日本は，この大戦には連合国側で参戦し，大戦中の1915年，中国に**e**ある要求を出した。
大戦後には，**f**アジアではさまざまな民族運動が起こった。

(1)（　A　），（　B　）にあてはまる語句をそれぞれ書きなさい。(5点×2)

(2) 下線部**a**に関して，サラエボは当時「ヨーロッパの火薬庫」とよばれた半島にありました。
この半島名を書きなさい。(4点)

(3) 下線部**b**について，この革命の結果，1922年に成立した国を何といいますか。(4点)

(4) 下線部**c**と同じ年にドイツで定められた，民主的な憲法を何といいますか。(4点)

(5) 下線部**d**について，次の問いに答えなさい。(4点×3)

　① （　　　　　）にあてはまる国際機関は何ですか。

　② この国際機関の設立を提案した，当時のアメリカ大統領はだれですか。

　③ ②の人物が唱えた，それぞれの民族は，自分たちのことは自分たちで決めるべきであ
　　るという主張を何といいますか。

(6) 下線部**e**は何という要求ですか。(5点)

(7) 下線部**f**について，次の問いに答えなさい。

　① 1919年に，中国と朝鮮で起こった運動を，それぞれ書きなさい。(6点×2)

　② インドで，非暴力・不服従を唱え，イギリスに対し完全な自治を求める運動を指導し
　　た人物はだれですか。(4点)

(1)	A			B			(2)	
(3)						(4)		
(5)	①			②			③	
(6)			(7)	①	中国		朝鮮	
(7)	②							

2 右の年表を見て，次の問いに答えなさい。

(1) 年表中**A**に関する次の文の（ ① ）～（ ③ ）にあてはまる語句を，あとの**ア～オ**の中からそれぞれ選び，その記号を書きなさい。(4点×3)

　当時の桂内閣が（ ① ）を軽視したため，（ ② ）中心ではなく（ ① ）中心の政治を求めて起こった運動。吉野作造の説く（ ③ ）主義が支えとなった。

ア 藩閥　　**イ** 議会　　**ウ** 民本
エ 軍部　　**オ** 平民

年代	で き ご と
1912	第一次護憲運動が起こる…A
1914	第一次世界大戦が始まる…B
1918	米騒動が起こる…………C
	本格的な政党内閣が成立…D
1922	全国水平社が結成………E
1925	普通選挙法が成立………F

難 (2) 年表中**B**のころの日本の経済について述べたものとして正しいものを，次の**ア～ウ**の中から1つ選び，その記号を書きなさい。(4点)

ア アジア・アフリカへの輸出が増え，好景気となった。
イ 欧米からの輸入がとだえたため，重化学工業はほとんど発達しなかった。
ウ 日本における産業革命がこの時期に初めて起こった。

(3) 年表中**C**に最も関係が深いものを，次の**ア～エ**の中から1つ選び，その記号を書きなさい。(5点)
ア 三国干渉　　**イ** 辛亥革命　　**ウ** 日比谷焼き打ち事件　　**エ** シベリア出兵

文章記述 (4) 年表中**D**の本格的な政党内閣とはどのような内閣ですか。「立憲政友会」「陸軍，海軍，外務の3大臣」という語句を使って，簡単に書きなさい。(8点)

(5) 年表中**E**の全国水平社について述べた文として正しいものを，次の**ア～エ**の中から1つ選び，その記号を書きなさい。(4点)

ア 部落差別からの解放をめざして結成された。
イ 全国の労働者の団結をめざして結成された。
ウ 男女平等，女性の政治参加をめざして結成された。
エ 全国の社会主義者の団結をめざして結成された。

(6) 年表中**F**について，次の問いに答えなさい。(4点×2)
よくでる ① このとき，選挙権をあたえられたのは満何歳以上の男子ですか。
② 普通選挙法と同時に定められた，共産主義者を取りしまるための法律を何といいますか。

よくでる (7) 年表の時代における，日本の社会や文化について述べた文として誤っているものを，次の**ア～エ**の中から1つ選び，その記号を書きなさい。(4点)

ア 高等教育が広まり，雑誌やラジオ放送など大衆文化がさかんとなった。
イ 関東大震災が起こり，東京や横浜は大きな被害を受けた。
ウ 西洋の文化が次々と紹介され，新橋と横浜の間で鉄道が開通した。
エ バスガールやタイピストなどとして，働く女性が多くみられるようになった。

(1)	①		②		③		(2)		(3)	
(4)										
(5)			(6)	①				②		
(7)										

2 世界恐慌と日本の大陸進出

STEP 1 要点チェック

テスト1週間前から確認!

1 世界恐慌 よくでる

① **世界恐慌**…1929年10月，ニューヨークで株価が暴落→**世界恐慌**。国際協調体制がくずれる。

② **各国の対応**
- イギリス・フランス…**ブロック**経済。
- アメリカ…**ルーズベルト大統領**によるニューディール〔新規まき直し〕政策。
- ソ連…**五か年計画**で成長。世界恐慌の影響を受けず。

③ **ファシズム**…**全体主義**。イタリアは**ムッソリーニ**率いる**ファシスト党**の独裁。ドイツは**ヒトラー**が率いるナチス〔国民社会主義ドイツ労働者党〕の独裁。

④ **世界恐慌と日本**…関東大震災以来の不況に世界恐慌で大打撃。**労働争議**や**小作争議**が多発。
- **ロンドン海軍軍縮会議**への不満から政府批判。権力争いが続く政党政治にも不満が高まる。

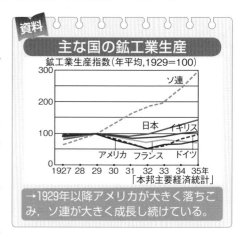

資料

主な国の鉱工業生産

鉱工業生産指数（年平均,1929＝100）

「本邦主要経済統計」

→1929年以降アメリカが大きく落ちこみ，ソ連が大きく成長し続けている。

2 日本の大陸進出 よくでる

① **満州事変**…1931年，**関東軍**が奉天郊外の**柳条湖**で線路を爆破。軍事行動を起こし満州を占領→**満州事変**。1932年，清の最後の皇帝**溥儀**を元首とした**満州国**を建国。

② **軍部の台頭**…1932年，**五・一五事件**で**犬養毅**首相が暗殺され，政党政治が終わる→1933年，総会で満州国が認められず，**国際連盟**を脱退→1936年，**二・二六事件**。

③ **日中戦争**…中国は**蔣介石**の**国民党**と，**毛沢東**の**共産党**が抗日民族統一戦線を結成。
- 1937年，北京郊外の**盧溝橋**付近で日中両軍が武力衝突し，**日中戦争**が始まった。
- **国家総動員法**…1938年。議会の承認なしに国民の労働力や物資などを戦争に動員できる。
- **大政翼賛会**…1940年に，ほとんどの政党や政治団体が解散して一つにまとめられた組織。

テストの 要点 を書いて確認　　空欄にあてはまる言葉を書こう　　**別冊解答 P.24**

年代	できごと
1929	ニューヨークの株価が暴落し，① [　　　　　] が起こる
1931	② [　　　　　] が起こり，満州国が建国
1932	③ [　　　　　] 事件が起こり，犬養首相が暗殺される
1936	④ [　　　　　] 事件が起こる
1937	日中両軍が衝突し ⑤ [　　　　　] が始まる

STEP 2 基本問題

1 次の文を読んで，あとの問いに答えなさい。

　1929年10月，アメリカのニューヨークで株価が大暴落し，世界中の経済が不況におちいる世界恐慌が始まった。

　世界恐慌に対して，a各国はさまざまな対策をとった。中には（　Ａ　）のように，五か年計画のもとで独自の経済体制をとっていたので，世界恐慌の影響をほとんど受けなかった国もあった。

　一方，世界恐慌による行きづまりをb全体主義の政治体制で乗り切ろうとする国が出てきた。ムッソリーニが率いるイタリアや，ヒトラーが率いる（　Ｂ　）である。

(1) 文中の（　Ａ　），（　Ｂ　）にあてはまる国名の組み合わせとして正しいものを，次のア～エの中から1つ選び，その記号を書きなさい。(10点)

　ア　Ａ―ソ連　　　　Ｂ―オーストリア
　イ　Ａ―ソ連　　　　Ｂ―ドイツ
　ウ　Ａ―イギリス　　Ｂ―オーストリア
　エ　Ａ―イギリス　　Ｂ―ドイツ　　　　　　　　[　　　　]

(2) 下線部aについて，当時アメリカがとっていた政策を何といいますか。カタカナで書きなさい。(20点)　[　　　　　政策]

(3) 下線部bのような体制を何といいますか。(20点)

[　　　　　　　　　　]

2 次の文章の（　①　）～（　⑤　）にあてはまる語句を，あとのア～オの中からそれぞれ選び，その記号を書きなさい。(10点×5)

　1931年，関東軍が奉天郊外の柳条湖で線路を爆破し，それをきっかけに軍事行動を起こした。これを（　①　）という。そして，清の最後の皇帝を元首にして（　②　）を建国した。しかし，この行為は国際的な非難をあび，1933年，日本は（　③　）を脱退した。

　世界から孤立していく中，さらに日本は中国へ進出し，1937年北京郊外の盧溝橋付近で日中両国軍の武力衝突が起き，（　④　）戦争が始まった。戦争が長引く中，1938年には（　⑤　）が制定され，軍事優先の国家体制がつくられていった。

　ア　国際連盟　　イ　満州国　　ウ　満州事変
　エ　日中　　　　オ　国家総動員法

　①[　　　]　　②[　　　]　　③[　　　]　　④[　　　]
　⑤[　　　]

1
(1) Ａは第一次世界大戦中にロシア革命が起こった後につくられた国。
Ｂは第一次世界大戦後のベルサイユ条約に不満をもっていた国。
(2)「新規まき直し」ともよばれる政策である。

2
①関東軍は線路の爆破を中国のしわざとした。
③この組織から調査団が派遣され，②は総会で認められなかった。

STEP
3

得点アップ問題

テスト3日前から確認!

1 次の文を読んで,あとの問いに答えなさい。

　1929年10月,それまで繁栄が続いていたアメリカの（　**A**　）で株価が大暴落し,世界恐慌が始まった。この不況に対して,**a**各国はそれぞれに対策をとった。

　中には,世界恐慌による経済や社会の行きづまりを,（　**B**　）の政治体制によって打ち破ろうとする**b**国々もあった。また,**c**日本にも世界恐慌の影響はおよんだ。

(1)（　**A**　）にあてはまるアメリカの都市名を書きなさい。(6点)

(2) 下線部**a**について,次の問いに答えなさい。(6点×2)

　① 次の文の下線部のうち,1つだけ誤りがあります。その記号を書きなさい。

　　「イギリスやフランスは,本国と植民地のつながりを強め,それ以外の地域は**ア**関税を高くして商品をしめ出す**イ**ブロック経済をとった。アメリカは,**ウ**リンカン大統領が,公共事業を積極的におこして,労働組合を保護するなどの**エ**ニューディールという政策をとった。」

　② 右のグラフ中の**ア～エ**の中から,ソ連にあてはまるものを1つ選び,その記号を書きなさい。

(3)（　**B**　）にあてはまる語句を,次の**ア～エ**の中から1つ選び,その記号を書きなさい。(6点)

　ア 全体主義　　**イ** 資本主義
　ウ 民主主義　　**エ** 社会主義

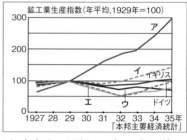

鉱工業生産指数(年平均,1929年=100)

「本邦主要経済統計」

(4) 下線部**b**について,当時のイタリアとドイツについて述べた文として正しいものを,次の**ア～エ**の中から1つ選び,その記号を書きなさい。(7点)

　ア イタリアではヒトラーの率いるナチスによる独裁が行われ,ドイツではムッソリーニの率いるファシスト党による独裁が行われた。

　イ イタリアではユダヤ人が迫害を受け,ドイツはエチオピアを侵略し,併合した。

　ウ イタリアではムッソリーニが率いるナチスによる独裁が行われ,ドイツではヒトラーが率いるファシスト党による独裁が行われた。

　エ イタリアではムッソリーニの率いるファシスト党による独裁が行われ,ドイツではヒトラーが率いるナチスによる独裁が行われた。

(5) 下線部**c**について述べた文として正しいものを,次の**ア～ウ**の中から1つ選び,その記号を書きなさい。(7点)

　ア 米の価格の急激な上昇に不満をもった人々が,米騒動を起こした。

　イ 農産物の価格が暴落し,労働争議や小作争議が増えた。

　ウ 経済が悪化する中,政党は財閥との関係を断ち切った。

(1)		(2)	①		②		(3)	
(4)		(5)						

2 右の年表を見て，次の問いに答えなさい。

(1) 年表中の**A**について，次の問いに答えなさい。

(6点×2)

① このできごとの翌年に，日本の軍部が中国につくった国を何といいますか。

② ①の国の元首となった溥儀が，最後の皇帝であった国にあてはまるものを，次の**ア**〜**エ**の中から１つ選び，その記号を書きなさい。

ア 清　　**イ** 明　　**ウ** 宋　　**エ** 元

年代	で き ご と
1931	満州事変が起こる……………A
1932	五・一五事件…………………B
1933	日本が（　　）を脱退………C
1936	（　　）事件で首相官邸などが 襲われる…………………………D
1937	日中戦争が始まる……………E
1938	国家総動員法が制定される……F

(2) 年表中の**B**で暗殺された当時の首相にあてはまるものを，次の**ア**〜**エ**の中から１つ選び，その記号を書きなさい。(7点)

ア 原敬　　　　**イ** 犬養毅　　　　**ウ** 大隈重信　　　　**エ** 桂太郎

(3) 年表中の**C**について，（　　）にあてはまる国際機関の名称を書きなさい。(7点)

(4) 年表中の**D**について，（　　）にあてはまる語句を書きなさい。(7点)

(5) 年表中の**E**について，次の問いに答えなさい。(7点×2)

① **E**について述べた文として正しいものを，次の**ア**〜**エ**の中から１つ選び，その記号を書きなさい。

ア 関東軍が奉天郊外の線路を爆破したことから始まった。

イ 首相官邸が陸軍の青年将校によって襲撃された。

ウ 北京郊外で日中両軍が武力衝突をしたことから始まった。

エ 朝鮮半島で起こった甲午農民戦争がきっかけになって始まった。

② 当時の中国のようすとして正しいものを，次の**ア**〜**エ**の中から１つ選び，その記号を書きなさい。

ア 洪秀全を中心として，太平天国の乱が起こった。

イ 反日感情が爆発し，五・四運動が全国に広がった。

ウ 孫文を中心として辛亥革命が起こり，中華民国が建国された。

エ 蔣介石率いる国民党と，毛沢東率いる共産党が抗日のために手を結んだ。

(6) 年表中の**F**について，次の問いに答えなさい。

① **F**はどのような法律ですか。簡単に説明しなさい。(8点)

② **F**が出されたころの日本のようすとして正しいものを，次の**ア**〜**ウ**の中から１つ選び，その記号を書きなさい。(7点)

ア 普通選挙法が成立，満25歳以上の男子に選挙権があたえられた。

イ 大戦景気によって鉄鋼業や造船業などが急成長した。

ウ ほとんどの政党や政治団体は解散し，大政翼賛会にまとめられた。

(1)	①		②		(2)		(3)	
(4)			(5)	①		②		

(6)	①	
	②	

3 第二次世界大戦と日本

STEP 1 要点チェック

テスト
1週間前
から確認！

1 第二次世界大戦の開始

① **第二次世界大戦の始まり**…**独ソ不可侵条約**→ドイツがポーランドに**侵攻**。

② **広がる戦争** おぼえる！

● **日独伊三国同盟**（1940年9月）…ドイツ・イタリア・日本の同盟。

● 1941年8月，**大西洋憲章**→ファシズムの**枢軸国**対反ファシズムの**連合国**の戦いに。
  アメリカのルーズベルト大統領とイギリスのチャーチル首相

● ドイツ…**ユダヤ人**を**強制収容所**へ。ドイツの占領政策に各地で**抵抗運動〔レジスタンス〕**。
  └アウシュビッツ強制収容所は負の世界遺産に登録。

2 太平洋戦争

① **アメリカとの戦争**…**日本が南進**。日ソ中立条約で北方の安全も確保→日本に対し，アメリカなどが**ABCD包囲陣**。
  アメリカ・イギリス・中国・オランダによる包囲┘

● 1941年12月8日，日本軍はハワイの**真珠湾**を**奇襲**，**太平洋戦争**開始。
  ┌日本の指導によってアジア民族だけで繁栄していこうとする考え

● **大東亜共栄圏**の建国を唱えた。

② **戦時下の生活**…**学徒出陣**，**勤労動員**，**集団疎開〔学童疎開〕**。

資料

太平洋戦争における勢力図

□日本軍の最大進出地域

ソビエト連邦　満州国　アッツ島　日本　中華民国　ビルマ　フィリピン　サイパン島　ハワイ　マーシャル諸島　シンガポール　オランダ領東インド　ソロモン諸島　ガダルカナル島

中国や東南アジアでも戦争が行われていた

3 戦争の終わり よくでる

① **連合国側の反撃**…1943年に**イタリア**，1945年に**ドイツ**が降伏。

● 日本…本土空襲が激化。1945年3月，米軍が沖縄に上陸し，激しい地上戦（**沖縄戦**）。

② **ポツダム宣言**…1945年7月，連合国が**ポツダム宣言**で無条件降伏を求めるが日本は受け入れず→1945年**8月6日広島**，**8月9日長崎**に**原子爆弾**の投下→**ソ連が参戦**→8月14日，日本がポツダム宣言**受諾**→**8月15日**，天皇が降伏を告げるラジオ放送（**玉音放送**）。

テストの 要点 を書いて確認　空欄にあてはまる言葉を書こう

別冊解答 P.26

年代	できごと		
1940	日本・ドイツ・イタリアが ①_____ 同盟を結ぶ	⑥_____ ...	日本・ドイツ・イタリア
1941	日本軍が真珠湾攻撃など→②_____ 戦争の始まり	⑦_____ ...	アメリカ・イギリスなど
1945	3月　アメリカ軍が ③_____ に上陸（激しい地上戦）		
	7月　連合国が ④_____ 宣言を発表		
	8月6日に広島，9日には長崎に ⑤_____ 投下		

STEP

2

基本問題

テスト
5日前
から確認!

別冊解答 P.26

得点

／100点

1 次の問いに答えなさい。

(1) 右の地図中の**ア～オ**の中から第二次世界大戦の枢軸国(すうじくこく)を2つ選び，その記号を書きなさい。(11点×2)

[   ][   ]

(2) 1941年に発表された大西洋憲章を発表した人物を，次の**ア～エ**の中から2つ選び，その記号を書きなさい。(11点×2)

ア ルーズベルト　　**イ** ヒトラー
ウ チャーチル　　　**エ** ムッソリーニ

[   ][   ]

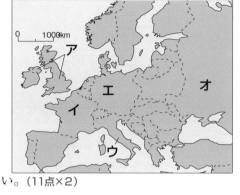
0　　　1000km

2 次の文章を読んで，あとの問いに答えなさい。

　　日本は1941年，（　①　）と中立条約を結び，フランス領インドシナを占領(せんりょう)した。こうした中，日本は，欧米(おうべい)の支配を打ち破り，日本の指導によってアジア民族だけで繁栄(はんえい)していこうとする「（　②　）」の建設を唱えた。やがて，太平洋戦争が始まり，日本軍は最初攻勢(こうせい)をとるものの，1942年6月の（　③　）を境に守勢(しゅせい)に転じていった。学徒出陣や勤労動員が行われ，空襲をさけるため，**a都市の小学生が農村に移動する**ようになり，**b1945年8月，日本は降伏し，第二次世界大戦は終わった。**

(1) （　①　）にあてはまる国名を答えなさい。(11点)

[   ]

(2) （　②　）にあてはまる標語(ひょうご)を答えなさい。(12点)

[   ]

(3) （　③　）にあてはまるものを，次の**ア～エ**の中から1つ選び，その記号を書きなさい。(11点)

ア 真珠湾攻撃　　**イ** ミッドウェー海戦
ウ 沖縄戦　　　　**エ** 東京大空襲

[   ]

(4) 下線部**a**を何というか。(11点)

[   ]

(5) 下線部**b**について，連合国が日本の無条件降伏などを求め，日本が受け入れた宣言を何というか。(11点)

[   ]

1
(1) 日本と同盟を結んだ国。
(2) 枢軸国ではなく，連合国側の人間である。

第5章

3

第二次世界大戦と日本

2
(2) 中国や東南アジアに対する日本の支配を正当化するものであった。

STEP
3
得点アップ問題

テスト
3日前
から確認!

別冊解答 P.26

得点
／100点

1 次の文を読んで，あとの問いに答えなさい。

（　X　）に率いられたドイツは，オーストリア，チェコスロバキア西部を併合し，1939年には　A　と軍事同盟を，　B　とは不可侵条約を結んだうえで，　C　に侵攻した。　C　を助ける約束をしていた　D　と　E　がドイツに宣戦布告したことから，第二次世界大戦が始まった。ドイツは短期間のうちに周辺諸国を攻略し，　D　を破って首都のパリを占領するとともに，　E　にも爆撃を加えた。

a ドイツは1940年に　A　，日本と同盟を結び，1941年には不可侵条約を破って　B　をも攻撃し，ヨーロッパ全土に戦線を拡大した。b ドイツは占領地で（　Y　）人を徹底的に迫害し，強制収容所に送って殺害した。各地では c 正規の軍隊のほかに一般の人々もドイツに対する抵抗運動を展開した。

(1) （　X　）にあてはまる人物を，次のア〜エの中から１つ選び，その記号を書きなさい。(4点)

ア ムッソリーニ　　**イ** ヒトラー

ウ ルーズベルト　　**エ** ウィルソン

(2) 文中のA〜Eにあてはまる国を，地図中のア〜オの中から１つずつ選び，その記号を書きなさい。

(5点×5)

(3) （　Y　）にあてはまる民族名を３文字で答えなさい。(4点)

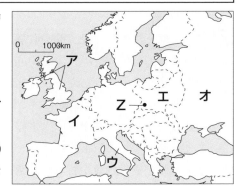

(4) 下線部 a の同盟を何といいますか。(4点)

(5) 下線部 b について，次の問いに答えなさい。

① 強制収容所のうち，最大規模のものが地図中のZに置かれました。Zの地名を，次のア〜エの中から１つ選び，その記号を書きなさい。(4点)

ア ジュネーブ　　**イ** パリ　　**ウ** サラエボ　　**エ** アウシュビッツ

② ナチスの迫害を避けるためにかくれ家に住んだが，見つかって強制収容所に送られ，15歳で死亡した少女の日記が世界的に有名です。この少女の名前を答えなさい。(5点)

(6) 下線部 c の抵抗運動を何といいますか。(4点)

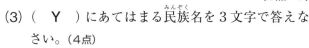

(1)					
(2)	A	B	C	D	E
(3)			(4)		
(5)	①	②		(6)	

2 次の問いに答えなさい。

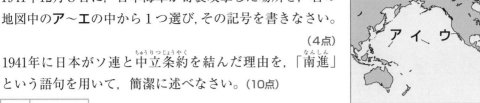

よくでる (1) 1941年12月8日に，日本海軍が奇襲攻撃した場所を，右の地図中の**ア〜エ**の中から1つ選び，その記号を書きなさい。
(4点)

文章記述 (2) 1941年に日本がソ連と中立条約を結んだ理由を，「南進」という語句を用いて，簡潔に述べなさい。(10点)

(1)	
(2)	

3 右の年表を見て，次の問いに答えなさい。

(1) ▢ に入る国名を答えなさい。(6点)

(2) **A**のヤルタ会談に参加していない国を，次の**ア〜エ**の中から1つ選び，その記号を書きなさい。(4点)

　ア アメリカ　　**イ** ソ連
　ウ イギリス　　**エ** 中国

年代	おもなできごと
1945年2月	ヤルタ会談……………………A
3月	アメリカ軍の日本上陸……B
5月	▢▢▢▢▢降伏
7月	ポツダム宣言……………C
8月	原子爆弾投下……………D
	ソ連の対日参戦
	日本降伏

(3) **B**について，アメリカ軍が上陸したのは，日本のどこですか。(6点)

難 (4) **C**のポツダム宣言について述べた文として誤っているものを，次の**ア〜エ**の中から1つ選び，その記号を書きなさい。(4点)

　ア アメリカ，ソ連，イギリスの名で発表された。
　イ 日本に無条件降伏を求めている。
　ウ 日本は最初，ポツダム宣言を無視した。
　エ 日本は8月14日にポツダム宣言の受け入れを決定した。

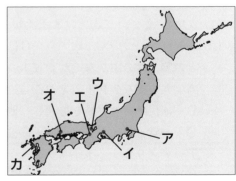

よくでる (5) **D**について，原子爆弾が投下された都市を，右の地図中の**ア〜カ**の中から2つ選び，その記号を書きなさい。(6点×2)

(6) 年表中の期間のようすを述べた文として誤っているものを，次の**ア〜エ**の中から1つ選び，その記号を書きなさい。(4点)

　ア 女性や中学生が軍需工場にかり出され，労働させられた。
　イ 食料品や日用雑貨が品不足となり，米などの配給制が行われた。
　ウ 徴兵を猶予されていた大学生も動員され，戦場に送られた。
　エ 農村の小学生が集団で大都市に移住させられた。

(1)		(2)		(3)	
(4)		(5)			(6)	

定期テスト予想問題

別冊解答 P.27

目標時間	得点
45分	／100点

1 次の文を読んで，あとの問いに答えなさい。

　　第一次世界大戦が起こると，日本は（　①　）同盟を理由に（　②　）に宣戦布告し，a中国政府には二十一か条の要求を出した。この大戦をきっかけとして，日本の経済は急成長したが，b米価などの物価の急上昇が起こった。

　　第一次世界大戦後の国際社会では，平和を守る世界初の国際機構である（　③　）の設立や軍縮会議の開催などの動きが活発になり，日本ではさまざまなc社会運動が起こった。

よくでる (1)（　①　）～（　③　）にあてはまる語句を書きなさい。(5点×3)

(2) 下線部aについて，1919年，中国国内で，日本のこの要求に反対する運動が国民運動へと発展していきました。この運動を何といいますか。(5点)

(3) 下線部bに関連して1918年，米価の急上昇がきっかけで，富山県の主婦たちから起こり，全国に広がっていったできごとを何といいますか。(5点)

(4) 下線部cについて，1925年に普通選挙法が制定されたのと同時に制定された，共産主義運動をとりしまるための法律を何といいますか。(5点)

(1)	①		②		③	
(2)			(3)		(4)	

2 次の文を読んで，あとの問いに答えなさい。

　　1929年，ニューヨークで株価が暴落し，アメリカは経済危機に陥った。そのa影響は各国に広がり，（　　）が引き起こされた。一方で，bその影響を受けない国もあった。

(1) 文中の（　　）にあてはまる語句を漢字4字で書きなさい。(5点)

よくでる (2) 下線部aについて，次のA～Cは各国がとった政策です。この政策と関係の深い国を，あとのア～オの中からそれぞれ1つずつ選び，その記号を書きなさい。(5点×3)

A 大規模な公共事業をおこし景気回復をはかった。

B 植民地との貿易を拡大し，他国の商品に対しては，高い関税を課した。

C 一党独裁体制をしき，軍備拡張を強行した。

ア アメリカ　**イ** フランス　**ウ** インド　**エ** 中国　**オ** ドイツ

(3) (2)のAを行った人物の名前を答えなさい。(5点)

(4) (2)のBの経済政策を何といいますか。(5点)

文章記述 (5) 下線部bにあてはまる国名と，影響を受けなかった理由を書きなさい。(完答5点)

(1)			(2)	A		B		C	
(3)			(4)						
(5)	国名								
	理由								

3 右の年表を見て，あとの問いに答えなさい。

(1) 年表中の**A**のきっかけとなったできごとを，次の**ア**
　〜**エ**の中から選び，その記号を書きなさい。(5点)

　ア　義和団事件を鎮圧させるために出兵した。

　イ　日本軍が南満州鉄道の線路を爆破し，これを中
　　　国側の行動として出兵した。

　ウ　甲午農民戦争を鎮圧させるために出兵した。

　エ　北京郊外の盧溝橋付近で日本軍と中国軍が衝突
　　　した。

年代	できごと
1931	満州事変が起こる…………**A**
1937	日中戦争が起こる…………**B**
1939	第二次世界大戦が始まる…**C**
1941	太平洋戦争が始まる
	↕**D**
1945	ポツダム宣言を受諾する

(2) 年表中の**B**の日中戦争が始まり，中国ではそれまで対立していた国民党と共産党が提携し
　ました。国民党，共産党それぞれの指導者を，次の**ア**〜**オ**の中からそれぞれ1つずつ選び，
　その記号を書きなさい。(完答5点)

　ア　孫文　　　**イ**　毛沢東　　　**ウ**　袁世凱　　　**エ**　周恩来　　　**オ**　蔣介石

(3) 年表中の**C**について述べた次の文の（　　）にあてはまる国名を，それぞれあとの**ア**〜**オ**
　の中から1つずつ選び，その記号を書きなさい。(5点×3)

　　ドイツは，オーストリアとチェコスロバキアの一部を併合し，（　①　）と不可侵条約
　を結び，（　②　）に侵攻した。（　②　）の同盟国である（　③　）とフランスがドイツに
　宣戦布告し第二次世界大戦が勃発した。

　ア　オランダ　　　**イ**　イタリア　　　**ウ**　イギリス　　　**エ**　ポーランド　　　**オ**　ソ連

(4) 次の**ア**〜**エ**は，年表中の**D**の期間のできごとである。これらを年代順に並べ，その記号を
　書きなさい。(5点)

　ア　沖縄にアメリカ軍が上陸する。　　　　　**イ**　ミッドウェー海戦で日本軍が敗れる。

　ウ　広島に原子爆弾が落とされる。　　　　　**エ**　ソ連が日ソ中立条約を破り侵攻する。

(1)		(2)	国民党		共産党	
(3)	①		②		③	
				(4)	→　　　→　　　→	

4 第一次世界大戦のころの日本の経済の主な特徴について，右

の資料Ⅰ，Ⅱから読み取れることをまとめた次の文章中の
　□□□□□にあてはまる内容を，簡潔に書きなさい。また，
（　　）の中からあてはまる記号を1つ選び，その記号を書
きなさい。(山梨県)(完答5点)

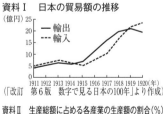

資料Ⅰ　日本の貿易額の推移
（「改訂　第6版　数字で見る日本の100年」より作成）

資料Ⅱ　生産総額に占める各産業の生産額の割合(%)
■農業　▨工業　▥鉱業　▧水産業
（「日本史総覧」などより作成）

　　第一次世界大戦の期間に□□□□□。このように貿易収支
　が黒字になるなどして大戦景気を迎えた。また，この時
　期に産業構造は（**ア**　農業　　**イ**　工業　　**ウ**　鉱業
　エ　水産業）中心の構造に変化していった。

内容	
記号	

① 戦後の日本と冷たい戦争

STEP 1 要点チェック

テスト1週間前から確認!

1 戦後改革 よくでる

① 日本の民主化…連合国軍最高司令官総司令部〔GHQ〕のマッカーサーの指導のもと戦後改革。財閥解体，農地改革，治安維持法の廃止，選挙権の拡大，労働組合法や労働基準法。└労働条件の最低基準┘└満20歳以上の男女┘

② 日本国憲法の制定…国民主権・基本的人権の尊重・平和主義。1947年，**教育基本法**制定。

2 冷戦と独立の回復

① 冷たい戦争〔冷戦〕…アメリカ中心の**西側陣営**とソ連中心の**東側陣営**の対立。

● 国際連合〔国連〕…**安全保障理事会**。└常任理事国はアメリカ,イギリス,フランス,ソ連,中国┘

② 新しい中国の成立と**朝鮮戦争**…1949年に**中華人民共和国**成立。朝鮮半島では1950年に**朝鮮民主主義人民共和国**〔北朝鮮〕と**大韓民国**〔韓国〕が朝鮮戦争。日本は**特需景気**。1960年は「**アフリカの年**」。└アフリカで17か国が独立┘

③ 日本の独立回復 おぼえる!

● **自衛隊**…1950年に，GHQによる警察予備隊→1954年に**自衛隊**に。└占領終結後もアメリカ軍の駐留を認めた┘

● 1951年，**サンフランシスコ平和条約**で独立回復。同時に**日米安全保障条約〔安保条約〕**を結ぶ。└ソ連は調印せず,中国は会議に招かれなかった┘国内では自由民主党と日本社会党の**55年体制**。

▼ 東西両陣営

ソビエト連邦
アメリカ合衆国

| 西 | 北大西洋条約機構〔NATO〕加盟国 |
| 東 | ワルシャワ条約機構〔WTO〕加盟国 |

3 日本の戦後外交と高度経済成長

① 緊張緩和の時代…アジア・アフリカ会議。キューバ危機→ベトナム戦争では反戦運動。

② 日本の戦後外交…1956年，日ソ共同宣言（国際連合に加盟）→1965年，日韓基本条約→1972年，沖縄が日本に復帰（非核三原則）。日中共同声明→1978年に日中平和友好条約。

③ 高度経済成長…**公害問題**が深刻化。1973年の石油危機〔オイル・ショック〕で終わる。└水俣病など，四大公害裁判が起こった┘

テストの **要点** を書いて確認　空欄にあてはまる言葉を書こう　別冊解答 P.28

年代	できごと	
1945	連合国軍最高司令官総司令部〔　①　〕による戦後改革が始まる	おもな戦後改革 ⑥　…経済を支配していた財閥を解体
1950	②　戦争が始まる	⑦　…多くの自作農が生まれた
1951	③　条約で日本が独立を回復	
	→同時に　④　条約でアメリカ軍の駐留を認める	
1956	⑤　に調印し，日本は国際連合に加盟	

STEP 2 基本問題

得点

／100点

---

1 次の問いに答えなさい。

(1) 第二次世界大戦後の日本で民主化のために改革を行うように，日本政府に指示を出した連合国軍の機関（きかん）の正式名称を日本語で書きなさい。また，この機関の最高司令官の名前を書きなさい。（7点×2）

[   ] [   ]

(2) 政治の改革として，日本国憲法で定められている，日本国憲法の三つの基本原理をすべて書きなさい。（7点×3）

[   ] [   ] [   ]

(3) 経済の改革として，労働条件の最低基準を定めた法律の制定があります。この法律を何といいますか。（7点）[   ]

(4) 地主がもつ小作地を政府が買い上げ，小作人に安く売りわたした改革を何といいますか。（8点）

[   ]

2 右の年表を見て，あとの問いに答えなさい。

(1) Aの，西側陣営の軍事同盟（どうめい）を何といいますか。（7点）

[   ]

年代	おもなできごと
1945	国際連合発足
	冷戦（れいせん）の開始………A
1950	朝鮮戦争（ちょうせんせんそう）…………B
1951	安保条約（あんぽじょうやく）…………C
1955	55年体制（ねんたいせい）成立 ……D
1956	日本が国連に加盟…E
1960	安保条約改定
1973	第四次（だいよじ）中東戦争（ちゅうとうせんそう）……F

（年表右側に ア・イ・ウ・エ の範囲を示す矢印）

(2) Bが始まって起こった日本の好景気（こうけいき）を何といいますか。（7点）[   ]

(3) Cと同時に調印された条約を何といいますか。（7点）

[   ]

(4) Dについて，この体制を担った保守（ほしゅ）政党を，次のア〜エの中から1つ選び，その記号を書きなさい。（7点）

ア 自由党　　イ 民主党　　ウ 自由民主党　　エ 日本社会党

[   ]

(5) Eについて，日本の国際連合加盟実現に重要な役割を果たしたものを，次のア〜エの中から1つ選び，その記号を書きなさい。（7点）

ア 日ソ共同宣言　　イ 日韓基本条約

ウ 日中共同声明　　エ 日中平和友好条約　　[   ]

(6) Fの戦争が原因となって起こった世界的な経済の混乱を何といいますか。（7点）[   ]

(7) 高度経済成長の時期を，年表中のア〜エの中から1つ選び，その記号を書きなさい。（8点）[   ]

1

(1) GHQ と略される。

(3) 1947 年制定。1945 年には労働者の団結権（だんけつけん）や団体行動権（だんたいこうどうけん）・争議権（そうぎけん）を認める労働組合法が制定された。

2

(4) この政党は，1955 年から 1993 年まで連続して政権を担っていた。

(5) この国と国交を回復したことで，日本の国連加盟に反対する国がなくなった。

(6) 第四次中東戦争は，イスラエルとその周辺のアラブ諸国（しょこく）との戦争である。

第6章
1
戦後の日本と冷たい戦争

STEP
3

得点アップ問題

テスト
3日前
から確認！

別冊解答 P.28

得点

／100点

1 次の文を読んで，あとの問いに答えなさい。

　　敗戦後，日本は a 連合国軍最高司令官総司令部によって間接的に統治され，b 選挙権の拡大，財閥解体，c 農地改革などのさまざまな改革が進められた。憲法も改正され，

◻️，基本的人権の尊重，平和主義の三つを基本原理とする，新しい憲法が制定された。

　　国際政治に目を向けると，1945年10月に d 国際連合が発足したが，e 西側陣営と東側陣営に分裂して，冷たい戦争〔冷戦〕とよばれる状況に突入した。この影響はアジアにもおよび，1949年に f 中華人民共和国が成立し，1950年には g 朝鮮戦争が起こった。

(1) 下線部 a の略称と，その最高司令官の組み合わせとして正しいものを，次のア～エの中から1つ選び，その記号を書きなさい。（5点）

　　ア　NATO，マッカーサー　　　イ　NATO，ルーズベルト

　　ウ　GHQ，マッカーサー　　　エ　GHQ，ルーズベルト

文章記述 (2) 下線部 b について，選挙権はどのように拡大しましたか。これ以前の有権者とこれ以後の有権者のちがいを明らかにして，簡単に説明しなさい。（10点）

難 (3) 下線部 c について，右のグラフは，この改革の前後の農家数の割合の変化を示しています。この改革について正しく述べたものを，次のア～エの中から1つ選び，その記号を書きなさい。（6点）

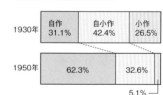

●自作・小作別農家の割合

	自作	自小作	小作
1930年	31.1%	42.4%	26.5%
1950年	62.3%	32.6%	5.1%

　　ア　自作農の土地を小作人に安く売りわたした。

　　イ　地主の土地を小作人に安く売りわたした。

　　ウ　自作農の土地を地主に安く売りわたした。

　　エ　小作人の土地を地主に安く売りわたした。

よくでる (4) ◻️ にあてはまる語句を書きなさい。（5点）

(5) 下線部 d の安全保障理事会で常任理事国ではない国を，次のア～オの中から1つ選び，その記号を書きなさい。（5点）

　　ア　アメリカ　　イ　イギリス　　ウ　フランス　　エ　ドイツ　　オ　ソ連

(6) 下線部 e について，経済体制が資本主義であるのは，西側陣営と東側陣営のどちらですか。（5点）

(7) 下線部 f が成立したときの国家主席はだれですか。（6点）

(8) 下線部 g の戦争でアメリカを中心とする国連軍が支援した国はどこですか。（5点）

(1)		(2)				
(3)		(4)		(5)		(6)
(7)			(8)			

2 右の年表を見て，次の問いに答えなさい。

(1) ◻ **a** ◻ には，朝鮮戦争が起こったことをきっかけにつくられた，日本国内の治安を守るための組織があてはまります。この組織を何といいますか。(6点)

(2) **A**について述べた文として誤っているものを，次から1つ選び，その記号を書きなさい。(6点)
　ア 第二次世界大戦の講和条約である。
　イ 日本はすべての連合国と講和した。
　ウ 日本は独立を回復した。
　エ 沖縄はアメリカの統治下に置かれた。

(3) **B**が開かれた国を，次の**ア**〜**エ**の中から1つ選び，その記号を書きなさい。(6点)

　ア 中国　**イ** インド　**ウ** ベトナム　**エ** インドネシア

年代	おもなできごと
1950	◻ a ◻ 発足
1951	サンフランシスコ平和条約…A
1954	自衛隊発足
1955	アジア・アフリカ会議………B
	◻ b ◻ 成立
1956	日本の国連加盟
1960	◻ c ◻ 改定
1965	日韓基本条約
1972	◻ d ◻ に調印して日本と中国の国交が正常化

(4) ◻ **b** ◻ には，この年から38年間続いた，日本社会党と対立しながら自由民主党が政権を維持した体制を意味する語句が入ります。この語句を書きなさい。(5点)

(5) ◻ **c** ◻ には，改定によって日本がアメリカの戦争に巻き込まれるとして，強い反対を受けた条約が入ります。この条約を何といいますか。(5点)

(6) ◻ **d** ◻ にあてはまる語句を書きなさい。(5点)

(1)		(2)		(3)	
(4)		(5)		(6)	

3 次の文を読んで，あとの問いに答えなさい。

> 　第二次世界大戦で荒廃した日本経済は，◻ **A** ◻ 戦争による特需景気の影響もあって，1950年代半ばまでにはほぼ戦前の水準まで回復し，<u>以後20年近くにわたって高い経済成長率が続いた</u>。1973年の ◻ **B** ◻ によって高い経済成長はストップしたものの，経営の合理化や省エネルギー化によって，日本企業はこれを乗りきっていった。

(1) ◻ **A** ◻，◻ **B** ◻ にあてはまる語句を書きなさい。(5点×2)

(2) 下線部について，次の問いに答えなさい。(5点×2)

① このころの日本経済の発展のことを何といいますか。

② このころの日本のできごととしてあてはまらないものを，次の**ア**〜**エ**の中から1つ選び，その記号を書きなさい。

　ア パソコンや携帯電話などの情報通信機器の普及率が高まった。
　イ 大都市で過密化，地方の農村では過疎化の問題が起こった。
　ウ 国民総生産が資本主義国の中でアメリカに次いで第2位になった。
　エ 四大公害病をはじめとする公害問題が発生した。

(1)	A		B		(2)	①	
(2)	②						

② 現代の日本と世界の結びつき

STEP
1 **要点チェック**

テスト
1週間前
から確認!

1 冷たい戦争〔冷戦〕の終わり

① **冷戦の終結** よくでる

● **ソ連の改革**…1985年からゴルバチョフ政権が緊張緩和や軍縮問題に尽力した。

● **冷戦の終わり**…1989年，**ベルリンの壁**が崩壊。ブッシュ大統領とゴルバチョフ共産党書記長が
マルタ会談で冷戦の終結を宣言→1990年，東西ドイツ統一。1991年にソ連が解体。
└─冷戦の象徴

② **地域統合の動き**…**主要国首脳会議**〔サミッ
ト〕。1993年にできた**ヨーロッパ連合**〔EU〕
は共通通貨の**ユーロ**を導入。アジア・太平洋
└─導入していない国もある
地域でアジア太平洋経済協力会議〔APEC〕。

③ **地域紛争** おぼえる!

● **ユーゴスラビア**…内戦で7か国に分裂。

● **中東**…1991年，**湾岸戦争**。2001年，**同時多発
テロ**を理由にアメリカがアフガニスタンを攻
撃→2003年，**イラク戦争**。**パレスチナ問題**。
└─イラクのフセイン政権が崩壊した

● **国連の平和維持活動**〔PKO〕…地域紛争の
解決。民間の**非政府組織**〔NGO〕も活躍。

資料

EUの加盟国（2021年3月末現在27か国）

EUは,民
主化した
東ヨーロッ
パに拡
大してい
る。

アイルランド
デンマーク
オランダ
ベルギー
ブリュッセル
ルクセンブルク
ポルトガル
スペイン
フランス
スウェーデン
フィンランド
エストニア
ラトビア
リトアニア
ドイツ　ポーランド
オーストリア　チェコ　スロバキア
ハンガリー
ルーマニア
イタリア　スロベニア
クロアチア　　　ブルガリア
マルタ　ギリシャ　キプロス

2 変化の中の日本

① **冷戦後**…1992年，PKOに**自衛隊派遣**。拉致問題で**日朝首脳会談**。55年体制の終わり。

② **バブル景気**〔バブル経済〕**崩壊後**…バブル景気は1991年に崩壊。**平成不況**→2008年の**世界金融
危機**。**産業の空洞化**。1995年，**阪神・淡路大震災**。2011年，**東日本大震災**。
└─人権費やコストの安い国外へ工場を移転

3 未来への課題

● 部落差別など差別や偏見の解消。**少子高齢社会**のなかで**社会保障制度**の見直しが必要。

● インターネットの普及や交通網の整備で**グローバル化**〔世界の一体化〕が進む。

● **地球温暖化**で海水面の上昇や異常気象。将来の世代のための**持続可能な社会**の実現。
└─1997年，二酸化炭素の削減を目的として京都議定書を採択

テストの要点を書いて確認　空欄にあてはまる言葉を書こう　　別冊解答 P.29

年代	できごと
1989	①_____ が行われる→冷戦の終結
1993	ヨーロッパで ②_____ 〔ヨーロッパ連合〕が発足
2001	アメリカで ③_____ テロが起こる
2003	④_____ 戦争が起こる→イラクのフセイン政権が崩壊

得点

／100点

STEP 2 基本問題

1 次の文を読んで，あとの問いに答えなさい。

　　　1989年の[　　　　]会談でアメリカのブッシュ大統領とソ連のゴルバチョフ共産党書記長が冷戦の終結を宣言した。その後，国連の役割（やくわり）が高まるとともに，**a**主要国首脳会議も重要な役割を果たすようになった。また，**b**ヨーロッパ連合などの地域統合の動きも進んでいる。いっぽうで地域紛争も頻発（ひんぱつ）し，国連の**c**PKOの役割も高まっている。

(1) [　　　　]にあてはまる語句を，次の**ア〜エ**の中から1つ選び，その記号を書きなさい。(10点)

ア ヤルタ　**イ** マルタ　**ウ** ポツダム　**エ** 南北首脳（しゅのう）

[　　　　　　]

(2) 下線部**a**をカタカナで何といいますか。(10点) [　　　　　　]

(3) 下線部**b**の略称は何ですか。アルファベットで答えなさい。(10点)

[　　　　　　]

(4) 下線部**c**を日本語で何といいますか。(10点) [　　　　　　]

2 右の年表を見て，次の問いに答えなさい。

(1) **A**は東西ドイツの統一に影（えい）響（きょう）をあたえたできごとです。[W]にあてはまる都市名を書きなさい。

(10点)

[　　　　　　]

年代	おもなできごと
1989	[W]の壁が崩壊…………A
1991	[X]景気が崩壊…………B
1992	[Y]を初めてPKOへ派遣
1993	55年体制の終結 …………C
1997	京都議定書（きょうとぎていしょ）を採択（さいたく） …………D
2011	[Z]大震災

(2) **B**によって，長期間の平成不況が始まりました。
[X]にあてはまる語句を書きなさい。(10点) [　　　　　　]

(3) [Y]，[Z]にあてはまる語句をそれぞれ書きなさい。

(10点×2)

Y [　　　　　　] 　Z [　　　　　　]

(4) **C**によって政権を追われた政党を何といいますか。(10点)

[　　　　　　]

(5) **D**によって解決しようとした問題を，次の**ア〜エ**の中から1つ選び，その記号を書きなさい。(10点)

ア パレスチナ問題　**イ** 地球温暖化
ウ 世界金融危機　**エ** 少子高齢化

[　　　　　　]

1
(2) 2008年には北海道の洞爺湖（とうやこ）で開かれた。
(4) PKO は Peacekeeping Operations の略。

2
(2) この好景気は1980年代末に始まり，土地や株式（かぶしき）の価格が急騰（きゅうとう）した。
(4) 日本新党の細川護熙（ほそかわもりひろ）を首相とする連立政権が誕生した。

得点アップ問題

テスト
3日前
から確認!

得点

／100点

1 右の年表を見て，次の問いに答えなさい。

年代	おもなできごと
1979	アフガニスタン侵攻………A
1985	ソ連で[＿＿＿＿]政権成立
1989	マルタ会談
1990	東西ドイツ統一…………B
1991	湾岸戦争……………C
	ソ連解体…………D
1993	ヨーロッパ連合発足………E
2001	アメリカ同時多発テロ……F
2003	イラク戦争……………G

(1) **A**を行った国を，次の**ア～エ**の中から1つ選び，その記号を書きなさい。(5点)

　　ア アメリカ　　**イ** ソ連
　　ウ 中国　　　　**エ** インド

(2) [＿＿＿＿]には，西側陣営との関係改善を進め，マルタ会談にも出席した人物が入ります。この人物を，次の**ア～エ**の中から1つ選び，その記号を書きなさい。(5点)

　　ア ブッシュ　　　**イ** クリントン
　　ウ エリツィン　　**エ** ゴルバチョフ

よくでる (3) **B**について，1989年に取り壊された，東西冷戦を象徴する壁があったドイツの都市はどこですか。(5点)

(4) **C**について，湾岸戦争は1990年にある国がクウェートに侵攻したことが原因で起こりました。ある国とはどこですか。(5点)

(5) **D**について，ソ連の解体前に新たに独立した国としてあてはまるものを，次の**ア～エ**の中から1つ選び，その記号を書きなさい。(5点)

　　ア ユーゴスラビア　　**イ** 東ティモール　　**ウ** ロシア連邦　　**エ** イスラエル

(6) **E**について，次の問いに答えなさい。

　① ヨーロッパ連合の共通通貨を何といいますか。(5点)

文章記述 ② ヨーロッパ連合が発足した目的を，簡単に説明しなさい。(10点)

(7) **F**について，同時多発テロの首謀者をかくまっているとして，アメリカが攻撃した国を，次の**ア～エ**の中から1つ選び，その記号を書きなさい。(5点)

　　ア パキスタン　　**イ** イラン　　**ウ** サウジアラビア　　**エ** アフガニスタン

(8) **C**や**G**が起こった地域を何といいますか。漢字2文字で書きなさい。(5点)

(1)		(2)		(3)	
(4)			(5)		(6) ①
(6)	②				
(7)		(8)			

2 1980年代以降の日本と東アジアの情勢をまとめた右のカードA～Cを見て，次の問いに答えなさい。

(1) 下線部aの景気で，異常に高くなったものを，次のア～エの中から2つ選び，その記号を書きなさい。(5点×2)

　ア　株価　　イ　賃金
　ウ　物価　　エ　地価

(2) 下線部bについて，次の問いに答えなさい。
(5点×2)

　① （　　）にあてはまる語句を書きなさい。

　② ①が初めて海外に派遣された国・地域にあてはまるものを，次のア～エの中から1つ選び，その記号を書きなさい。

　ア　モザンビーク　　イ　カンボジア
　ウ　ハイチ　　　　　エ　ゴラン高原

┌─────────────────────────┐
│ **カードA**　1980年代 │
│ ・aバブル景気が始まる │
│ ・北京で天安門事件が起こる │
└─────────────────────────┘

┌─────────────────────────┐
│ **カードB**　1990年代 │
│ ・韓国と北朝鮮が国連に同時加盟する │
│ ・b（　　　　）を初めて海外に派遣する │
└─────────────────────────┘

┌─────────────────────────┐
│ **カードC**　2000年代 │
│ ・韓国と北朝鮮の南北首脳会談が実現 │
│ ・北海道洞爺湖サミットが行われる │
│ ・c民主党への政権交代が実現する │
└─────────────────────────┘

(3) カードCの年代にあてはまるものを，次のア～オの中から2つ選び，その記号を書きなさい。(5点×2)

　ア　55年体制が終わる
　イ　世界金融危機によって深刻な不況が発生する
　ウ　バブル景気が崩壊する
　エ　阪神・淡路大震災が起こる
　オ　日朝首脳会談が初めて行われる

(4) 下線部cについて，政権交代前に政権の中心にいた政党を何といいますか。(5点)

(1)		(2) ①		②
(3)		(4)		

---

3 次の文を読んで，あとの問いに答えなさい。(5点×3)

┌──┐
│ 　日本社会には，a人権問題，少子高齢社会，民主主義の活性化，地方分権などさまざ │
│ まな問題がある。また，発展途上国への経済援助や世界平和への積極的貢献も期待され │
│ ている。　　　　が進む現代では，b地球温暖化など一国だけで解決できる問題は少なく │
│ なってきている。持続可能な社会を築くためには地球市民としての意識が必要である。 │
└──┘

(1) 下線部aについて，2008年に，ある民族を先住民族とすることを求める決議が国会で採択されました。この民族は何という民族ですか。

(2) 　　　　　には「世界の一体化」を意味する語句が入ります。この語句を書きなさい。

(3) 下線部bについて，1997年に採択された二酸化炭素などの温室効果ガスを削減するための議定書を何といいますか。

(1)		(2)		(3)	

定期テスト予想問題

別冊解答 P.30

目標時間	得点
45分	／100点

1 次の文を読んで，あとの問いに答えなさい。

> 第二次世界大戦後，世界の国々は二度と戦争を起こさないように（　　　　）を成立させた。日本はa連合国軍最高司令官総司令部の占領下でbさまざまな民主化を進めていった。また，民主化の基本としてc憲法改正も行われた。

(1) 文中の（　　　）にあてはまる語句を書きなさい。(5点)

(2) 下線部aについて，次の問いに答えなさい。(5点×2)

　① 連合国軍最高司令官総司令部の略称をアルファベット3字で書きなさい。

　② ①の最高司令官の名前を答えなさい。

(3) 下線部bについて，次の問いに答えなさい。(5点×2)

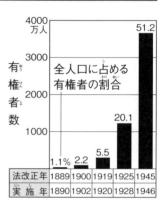

文章記述
　① 右の資料は，有権者数の変化を表しています。1946年の有権者数が急増した理由を，簡単に書きなさい。

　② 教育の民主化として制定されたものを，次の**ア〜エ**の中から1つ選び，その記号を書きなさい。

　ア 教育勅語　　**イ** 学制　　**ウ** 教育基本法　　**エ** 民法

(4) 下線部cについて，日本国憲法が公布された年月日を答えなさい。(5点)

(1)		(2)	①		②	
(3)	①					
(3)	②		(4)			

2 右の資料は，1951年に日本が48か国と結んだ講和条約の一部である。次の問いに答えなさい。

> 第二条　日本国は，（　X　）の独立を承認し，（　X　）に対する全ての権利と請求権を放棄する。

(1) この講和条約を何といいますか。(5点)

(2) 資料中の（　X　）にあてはまる国名を書きなさい。(5点)

(3) この講和条約に調印しなかった国を，次の**ア〜エ**の中から1つ選び，その記号を書きなさい。(5点)

　ア アメリカ　　**イ** イギリス　　**ウ** ソ連　　**エ** フランス

(4) この条約と同時に，日本がアメリカと結んだ条約を何といいますか。また，条約について述べた文として正しいものを，次の**ア〜エ**の中から1つ選び，その記号を書きなさい。(5点)

　ア 核兵器の拡散の防止を目的とする。　　**イ** アメリカ軍の日本駐留を認める。
　ウ 日本は関税自主権を回復する。　　**エ** 日本が千島列島を領有するかわりに樺太を手放す。

(1)		(2)		(3)	
(4)	条約名		記号		

3 右の年表を見て，次の問いに答えなさい。

年代	できごと
1956	国際連合に加盟する………A
1972	B
1973	石油危機が起こる………C
1990	東西ドイツが統一される…D
	E
2008	北海道洞爺湖サミット開催

(1) 年表中の**A**は，日本がある国との国交が正常化したことにより実現しました。ある国とはどこですか。国名を答えなさい。（6点）

(2) 年表中の**B**にあてはまるできごとを，次の**ア**～**エ**の中から１つ選び，その記号を書きなさい。（6点）

ア 自衛隊が発足する

イ オリンピック東京大会が開催される

ウ 沖縄が日本に返還される

エ 大阪で万国博覧会が開催される

(3) 年表中の**C**について，次の問いに答えなさい。（6点×2）

① **C**によって，1950年代中ごろから20年近く続いた日本の経済発展が終わりました。この経済発展を何といいますか。

② ①の経済発展の結果，各地で大気汚染や水質汚濁が広まり，自然や生活環境に被害をあたえました。この被害を何といいますか。

(4) 年表中の**D**について述べた次の文の（　）にあてはまる語句を答えなさい。（6点×2）

東西対立の象徴であった（ ① ）の壁が1989年にとりはらわれ，翌年ドイツが統一された。また，ソ連は，ロシア連邦などの各共和国が独立して解体に追いこまれ，ソ連を中心とする（ ② ）主義体制は崩壊した。

(5) 次の**ア**～**エ**は，年表中の**E**の期間のできごとです。これらを古い年代順に並べ，その記号を書きなさい。（6点）

ア アメリカで同時多発テロが起こる。

イ EU〔ヨーロッパ連合〕が成立する。

ウ 国連平和維持活動〔PKO〕協力法が制定される。

エ イラク復興支援特別措置法にもとづき，自衛隊をイラクに派遣する。

(1)		(2)		(3) ①			②	
(4)	①			②		(5)	→	→	→

4 右の表は，日中共同声明調印以降の，海外在留日本人人口※の推移を示している。表中のA国～C国は，アメリカ合衆国，中国，ブラジルのいずれかである。中国はどれか，A国～C国から1つ選び，その記号を書きなさい。（富山県）（8点）

※海外在留日本人人口とは，日本人の海外への長期滞在者（永住者を除く3か月以上の滞在者）と永住者（当該在留国から永住権を認められている者で，日本国籍を持つ者）の合計数である。

表　海外在留日本人人口

単位　千人

	1980	1990	2000	2010
A国	121	236	298	388
B国	6	8	46	132
オーストラリア	5	15	38	71
タイ	6	14	21	47
カナダ	12	22	34	54
イギリス	11	44	53	62
C国	142	105	75	58
ドイツ	14	21	25	36
フランス	7	15	26	27
韓国	3	6	16	29
シンガポール	8	13	23	25
総数(その他とも)	445	620	812	1143
長期滞在者	194	374	527	759
永住者	252	246	285	385

（「日本国勢図会2018/19」より作成）

思考ツールを使って，分類して整理し，考えを深めよう

各単元で学習した内容をまとめる活動において，思考の整理に適した「思考ツール」とよばれるいくつかの図表を活用すると，自分の頭の中にある考えを視覚的に表すことができる。

くらげチャート ▶ 理由づける

● 過疎地域について
かそ

山間部の農村で過疎化と高齢化が進んでいる

農業や林業で働く人が減った

若い人は都市の会社や学校へ行く

町や村に残るのは高齢者

くらげの頭の部分に，結論や自分の主張などを書き，それらに対する根拠や原因などをくらげの足の部分に書きこむ。

ピラミッドチャート ▶ 構造化する

● 日本の農業の課題

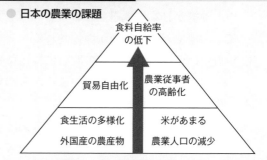

食料自給率の低下

貿易自由化　農業従事者の高齢化

食生活の多様化　米があまる
外国産の農産物　農業人口の減少

一番下の階層に，課題に関して思い浮かべた内容を自由に書き，その中から取捨選択してつなげたりしながら上の階層に向かって内容をしぼりこむ。

表（マトリックス） ▶ 多面的に見る

● 世界の国・地域の区分

大陸名	ユーラシア大陸	
州名	アジア州	ヨーロッパ州
地域名	東アジア	西ヨーロッパ
国名	日本	フランス
都市名	東京	パリ

縦と横にそれぞれ項目を決め，複数の内容を共通の観点で調べて整理することができ，まとめた表から比較することもできる。マトリックスは，分類して整理するときに，役立つツールである。

座標軸 ▶ 評価する

● さまざまな発電方法の長所・短所　（日本の場合）

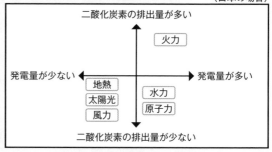

二酸化炭素の排出量が多い

発電量が少ない ◀──▶ 発電量が多い

火力
地熱
太陽光　水力
風力　原子力

二酸化炭素の排出量が少ない

上下左右の2つの軸が何を意味するか定義して，検討する事項を位置づけることで，評価することができる。

ウェビングマップ ▶ 関係づける

● アメリカ合衆国について

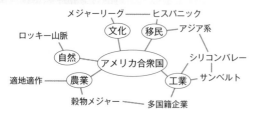

メジャーリーグ ── ヒスパニック
ロッキー山脈　文化　移民　アジア系
自然　アメリカ合衆国　シリコンバレー
適地適作　農業　工業　サンベルト
穀物メジャー ── 多国籍企業

中央にテーマを書き，その周辺に内容に関連する言葉を書いて，そこから連想する言葉を次々に書き出して，関係している言葉の間に線を結ぶ。幅広い多様な考えを生み出すときに活用できる。

ステップチャート ▶ 順序立てる

● アフリカの課題

アフリカはかつてヨーロッパの植民地支配を受けていた

↓

独立後の今も，モノカルチャー経済や人口増加などの課題がたくさん残っている

↓

アフリカは国際的な支援が必要

上から下へ，または下から上へ課題の流れを順序立て，考えを整理するときに活用できる。

● 三角貿易を整理しよう。

　右の図は，イギリスと中国（清），インドの三角貿易を示したものである。図中の❶〜❸にあてはまるものを，次のア〜ウから1つずつ選び，図中に記号を書きなさい。

ア　工業製品・綿織物

イ　アヘン

ウ　茶・絹

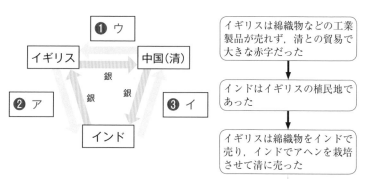

❶ ウ

イギリス　中国（清）

銀

❷ ア　　銀　銀　　❸ イ

インド

イギリスは綿織物などの工業製品が売れず，清との貿易で大きな赤字だった

↓

インドはイギリスの植民地であった

↓

イギリスは綿織物をインドで売り，インドでアヘンを栽培させて清に売った

右の図を「ステップチャート」という。ものごとがおこるまでの過程を，順序立てて考えることができる。

□❶〜❸に入る条件→❶中国（清）からイギリスに輸出しているもの

　　　　　　　　　　❷イギリスからインドに輸出しているもの

　　　　　　　　　　❸インドから中国（清）に輸出しているもの

● 墾田永年私財法の特徴を整理しよう。

　右の史料は，743年に出された墾田永年私財法の一部です。史料を参考にして，墾田永年私財法の長所・短所・興味深い点を，次の表にまとめよう。

この表をPMIシートという。1つのことがらを3つの点から分析する。

□P(Plus)は長所，M(Minus)は短所，I(Interest)は興味深い点

養老7（723）年の規定では，墾田は期限が終われば，ほかの土地と同様に国に収められることになっている。しかし，このために農民は意欲を失い，せっかく土地を開墾しても，またあれてしまう。今後は私有することを認め，期限を設けることなく永久に国に収めなくてもよい。　　　　　　（部分要約）

墾田永年私財法	長所（**P**lus）	短所（**M**inus）	興味深い点（**I**nterest）
	・農民の意欲が上がる。 ・口分田を増やすことができる。	・公地・公民の原則がくずれる。 ・貧富の差ができる。	・貴族や寺院などが農民を使って開墾を行い，私有地を増やした。

「I（興味深い点）」を削除して長所・短所をまとめるツールとしてもよい

問　織田信長と豊臣秀吉の人物と，それぞれの人物が築いた城について右の表にまとめた。表のA〜Dにあてはまる文を，次のア〜オよりそれぞれ選び，記号で答えなさい。ただし，どの文もあてはまらない場合はカと答えなさい。

人物名	人物について	城について
織田信長	A	C
豊臣秀吉	B	D

表（マトリックス）は分類して整理することができる

ア　座や各地の関所を廃し，自らの城下には楽市・楽座令を出して商工業の発展を図った。

イ　朝廷から関白に任じられ，朝廷の権威を利用して全国の大名に停戦命令(惣無事令)を出した。

ウ　朝廷から征夷大将軍に任じられ，幕府を開いた。

エ　安土城と呼ばれ，5層の天守を持っていた。

オ　現在の兵庫県にあり，美しい白壁から白鷺城と呼ばれ，世界遺産に登録されている。

答　A-ア　B-イ　C-エ　D-オ

　　　　　　S3n078

第1章 | 古代国家の形成

① 人類の出現と四大文明の発展

STEP 1 　要点チェック

テストの **要点** を書いて確認 　　　本冊 P.6

①メソポタミア 　②中国 　③エジプト 　④インダス
⑤漢 　⑥卑弥呼 　⑦大王 　⑧渡来人

STEP 2 　基本問題 　　　本冊 P.7

1 (1) Aエジプト（文明） 　Bインダス（文明）
　(2) 黄河 　(3) 儒学〔儒教〕
2 ①縄文 　②貝塚 　③稲作 　④弥生
　⑤邪馬台国
3 (1) イ 　(2) ウ

解説

1 (3)**儒学**は，紀元前6世紀ごろに中国で生まれた思想。親子や兄弟の秩序を重んじた仁による政治を説いた。朝鮮半島や日本にも伝わり，人々の思想や社会に影響をおよぼした。
2 ③**稲作**は九州地方に伝えられ，やがて東日本まで広まった。
3 (1)**大和政権**は，3世紀後半に**奈良盆地**で生まれた。
(2)**須恵器**をつくる技術を渡来人が伝えた。**ア**の銅鐸や**エ**の銅鏡は，稲作とともに大陸から伝わったもので，主に祭りに使われた。**イ**の土偶は縄文時代に祈りのためにつくられた。

STEP 3 　得点アップ問題 　　　本冊 P.8

1 (1) イ 　(2) ウ 　(3) ③
2 (1) ①シャカ〔釈迦〕 　②ムハンマド
　(2) イ→ウ→ア→エ 　(3) キリスト教
3 (1) ①エ
　②（例）人々が食べ物のかすなどを捨てた場所。
　(2) 弥生土器
　(3) 漢 　(4) 卑弥呼
4 (1) 前方後円墳 　(2) はにわ
　(3) 大和政権 　(4) 大王 　(5) エ

解説

1 (1)**猿人**は，約700万年前から600万年前，**原人**は約200万年前の人類で，**新人**は約20万年前に生まれた。

---

(2)**ア**は**打製石器**，**イ**は**骨角器**，**エ**は**青銅器**についての説明である。
(3)**甲骨文字**は中国文明で生まれ，漢字のもととなった。エジプト文明では**象形文字**（ヒエログリフ）が使用された。

2 (2)紀元前16世紀ごろにおこった**殷**は，紀元前11世紀ごろに周にほろぼされ，戦乱の時代となった。このころに**孔子**は儒学〔儒教〕を説いた。紀元前3世紀には**秦の始皇帝**が中国を統一し，**万里の長城**を築いた。秦が15年でほろびたのち，**漢**が中国を統一し，西方との交易をさかんに行った。5世紀ごろには中国は南北に分裂した。
(3)**キリスト教**は欧米で広く信仰されているが，生まれたのは現在のパレスチナ地方である。

▼世界の宗教の分布

3 (1)①**銅鐸**などの青銅器が稲作とともに大陸から伝わったのは弥生時代なので，**エ**は誤りである。
②食べ物の残りかすのほか，石器や人骨なども見つかっている。
(3)奴国の王は中国の漢に使いを送り，「**漢委奴国王**」と刻まれた金印を授けられた。この金印は，江戸時代に福岡県の**志賀島**で発見された。

4 (1)前方が方（四角），後方が円になっている。

前方後円墳
円墳
方墳

ミス注意!

(2)**土偶**は縄文時代に，魔よけや豊作をいのってつくられた土製の人形。**はにわ**は古墳時代に古墳の頂上や周囲に置かれた土器。

(4)大和政権の王は「**大王**」。「**天皇**」が使われるのは飛鳥時代以降のことである。

(5)問題の資料は，**倭王武**が，王としての地位と，朝鮮半島での指揮権を中国の皇帝に認めてもらおうと送った手紙で，中国の歴史書である『**宋書**』に残されている。

② 律令国家の成立

STEP 1 要点チェック

テストの **要点** を書いて確認　　本冊 P.10

①聖徳太子　　②十七条の憲法　　③大化の改新
④中大兄皇子　　⑤天智天皇　　⑥口分田　　⑦租
⑧聖武天皇　　⑨東大寺

STEP 2 基本問題　　本冊 P.11

1 (1)推古 (天皇)　(2)イ　(3)法隆寺
2 ①中大兄皇子　②中臣鎌足
　③大化の改新　④天武
3 (1)ア　(2)平城京　(3)イ

解説

1 (1)推古天皇は聖徳太子のおばにあたる。
(3)法隆寺は現存する世界最古の木造建築といわれている。

2 ④天智天皇の没後，弟の大海人皇子と子の大友皇子によるあとつぎ争いが起きた。これを**壬申の乱**という。この争いに勝利した大海人皇子は**天武天皇**となり，政治の中心を大津から飛鳥地方にもどした。また，天皇中心の国家をつくるために，律令と都，歴史書をつくるように命じた。

3 (3)『**魏志倭人伝**』は中国の歴史書。弥生時代に日本にあった，**邪馬台国**とその女王**卑弥呼**について記されている。

STEP 3 得点アップ問題　　本冊 P.12

1 (1)摂政　(2)十七条の憲法　(3)エ
　(4)ウ　(5)イ　(6)ウ　(7)ウ
2 (1)A長安　B墾田永年私財法
　　C聖武天皇　D東大寺
　(2)①エ　②イ　③ア　④ウ
　(3)(例) 6歳以上のすべての人に口分田をあたえ，その人が死ぬと国に返させた。
　(4)①イ　②防人
3 (1)天平　(2)鑑真
　(3)日本書紀・古事記 (順不同)　(4)万葉集

解説

1 (2)**十七条の憲法**は，604年に制定され，天皇に従うこと，仏教を尊ぶことなどが説かれた。
(3)聖徳太子は，607年に**小野妹子**らを隋に派遣し，隋と対等な外交を求めた。**遣隋使**とともに留学生や留学僧も同行し，隋の進んだ文化や制度を学んだ。

▼遣隋使の航路

(4)**大化の改新**は，中大兄皇子や中臣鎌足らが，蘇我氏をほろぼして，**天皇中心の中央集権国家をめざした改革**である。
(5)**天武天皇**は天智天皇の弟であった**大海人皇子**である。天智天皇の子である大友皇子を壬申の乱で破り，即位した。
(6)663年の**白村江の戦い**について述べている。新羅は唐と結んで，高句麗や百済をほろぼし，日本は百済を援助するために大軍を送った。
(7)**飛鳥文化**は日本で最初の仏教文化。飛鳥地方を中心に栄え，**法隆寺**や金堂の中にある釈迦三尊像がその代表である。**ア**は弥生時代，**イ・エ**は古墳時代である。

2 (1)A唐は隋に代わって，中国を統一した国で，その都の長安にならって都がつくられた。B口分田が不足したために，**墾田永年私財法**を制定し，開墾をすすめた。
(3)律令のきまりにもとづいて，6年ごとに戸籍をつくり，6歳以上のすべての人々に，**口分田**をあたえた。面積に応じて，収穫量の約3%に当たる稲を納めさせた。
(4)①6歳以上のすべての人々には口分田に応じた**租**と，おもに成人男子には，**調・庸**などの税や兵役などが課せられ，これらの負担から逃れるために，逃亡する者もいた。

租	収穫量の約3％の稲
調	地方の特産物など
庸	労役の代わりの布
雑徭	地方での労役

②兵士の中には，九州北部の防衛のために送られる**防人**や，都の警備をする**衛士**になる者もあった。

3 (1)聖武天皇のころの元号にちなんで，**天平文化**とよばれる。天平文化の代表である**東大寺**の**正倉院**には，聖武天皇の遺品などが納められていた。
(2)**鑑真**は6度めの渡航で来日をとげ，日本の仏教を発展させた。また，奈良に**唐招提寺**を建てた。

③ 貴族の政治

テストの**要点**を書いて確認
本冊 P.14

①平安京　②征夷大将軍　③遣唐使　④藤原道長
⑤枕草子　⑥古今和歌集　⑦紫式部

本冊 P.15

① (1)①イ　②エ　(2)イ
　(3)天台宗：最澄　真言宗：空海
② (1)①関白　②摂関　(2)イ・エ（順不同）

解説

① (1)アの**聖徳太子**は，推古天皇の摂政として，天皇中心の国家づくりをめざした人物。ウの**天智天皇**は，蘇我氏をたおし，大化の改新を始めた人物。
(2)**平安京**が置かれたのは京都。**平城京**が置かれたのは奈良である。明治時代に首都が東京に移されるまで，京都に都が置かれていた。
(3)**最澄**と**空海**は，9世紀初めに遣唐使とともに唐にわたり，日本に新しい仏教の宗派を伝えた。

② (1)摂政と関白から字を取って「摂関」政治とよぶ。
(2)遣唐使が停止されたころ，日本の風土や生活，感情にあった**国風文化**が生まれた。漢字をもとに**かな文字**が生まれ，優れた文学作品が生まれた。

作品	作者
『源氏物語』	紫式部
『枕草子』	清少納言
『古今和歌集』	紀貫之ら（編者）

本冊 P.16

① (1)①平安京　②ウ　(2)①征夷大将軍　②ア
　(3)イ　(4)①ウ　②エ
② (1)ウ　(2)藤原道長　(3)①ウ　②浄土信仰
③ (1)（例）中国の文化を消化し，日本の風土や感情にあった文化。　(2)かな文字　(3)紫式部
　(4)エ

解説

① (1)①奈良時代後半，勢力争いによって政治が混乱した。桓武天皇は，政治を立て直そうとして京都の平安京に都を移した。
②奈良の平城京は役所と大寺院の位置が近かった。また，仏教の力で国を守るという考えのもと，寺院勢力が政治に深くかかわるようになっていたため，都を移

して政治を立て直そうとした。
(2)②**坂上田村麻呂**は，東北地方の**蝦夷**を平定するために派遣された。**首長アテルイ**が率いる蝦夷と戦い，802年にこれを降伏させた。
(3)最澄や空海が伝えた仏教は，人里離れた山奥で，学問や修行を行うものであった。この仏教は，貴族の間で広く受け入れられた。

宗派	人物	開いた寺院
天台宗	最澄	延暦寺（比叡山）
真言宗	空海	金剛峯寺（高野山）

(4)朝鮮半島では**高句麗**と**百済**，**新羅**が勢力を争ったが，新羅は唐と結んで高句麗と百済をほろぼし，朝鮮半島を統一した。その後，10世紀初めに**高麗**がおこり，新羅をほろぼした。

② (1)藤原氏は，天皇の外戚となることで，実権をにぎり，勢力をのばした。アの蘇我氏と協力して政治を行ったのは聖徳太子，イの仏教の力で国を守ろうとしたのは聖武天皇，エの中大兄皇子とともに蘇我氏をほろぼし，大化の改新を始めたのは中臣鎌足である。
(2)和歌は，この世は自分の世のように満ちたりているという内容である。
(3)①写真の建物である平等院鳳凰堂は，藤原頼通が京都の宇治につくった阿弥陀堂である。アの東大寺は聖武天皇，イの法隆寺は聖徳太子，エの唐招提寺は鑑真がつくった寺である。
②10世紀半ばから，しだいに社会が乱れると，死後に極楽浄土へ生まれ変わることを願う**浄土信仰**がおこった。11世紀には地方の人々にも広まり，阿弥陀仏の像や阿弥陀堂がさかんにつくられた。

③ (1)「中国の文化」を消化したうえで，「日本」に合った文化が生まれた，という点にふれていればよい。
(2)国風文化が栄えたころ，漢字をもとにつくられた文字をかな文字という。かな文字の発達によって，日本人特有の感情を表現しやすくなり，優れた文学作品が生まれた。

(4)**エ**の『**万葉集**』は，奈良時代につくられた，現存する日本最古の和歌集。**イ**の大和絵は，日本の風物をえがいた絵。

第1章 古代国家の形成
定期テスト予想問題
本冊 P.18

❶ (1)①くさび形　②甲骨　③象形
　(2)太陰暦　(3)エ
❷ (1)卑弥呼　(2)隋　(3)C→A→B
❸ (1)ア　(2)エ　(3)天平
❹ (1)万葉集　(2)防人

1 武家政治の成立

解説

❶ (1) Ⅰは城壁に囲まれた都市国家や60進法などから**メソポタミア文明**, Ⅱは青銅器や甲骨文字から**中国文明**, Ⅲは排水施設をもつ計画都市から**インダス文明**, Ⅳは太陽暦から**エジプト文明**について書かれていることがわかる。

ミス注意!

エジプト文明	ナイル川, 象形文字, ピラミッド
メソポタミア文明	チグリス川・ユーフラテス川, くさび形文字, 太陰暦, ハンムラビ法典
インダス文明	インダス川, インダス文字, モヘンジョ・ダロ
中国文明	黄河・長江, 甲骨文字, 青銅器

(2) 月の満ち欠けをもとにつくられた暦を太陰暦, 太陽を基準にした暦を**太陽暦**という。

❷ (1) **邪馬台国**の女王**卑弥呼**について書かれている。卑弥呼が使いを送ったことは, 『**魏志倭人伝**』に書かれている。
(2) **聖徳太子**は, 隋の進んだ政治や文化を取り入れるために, 小野妹子ら遣隋使を派遣した。
(3) Aは3世紀ごろ, Bは7世紀初め, Cは1世紀の半ばのできごとである。奴国の王が後漢に使いを送ったことは『後漢書』東夷伝に書かれている。皇帝から送られた金印は江戸時代に福岡県の志賀島で発見され, 「漢委奴国王」と刻まれている。

❸ (1) **鑑真**が日本への渡来に成功したのは奈良時代の753年。**ア**は743年, **イ**は645年, **ウ**と**エ**は平安時代のできごとである。
(2) 守護は鎌倉時代から置かれた役職で, 源義経を捕らえるという口実で, 源頼朝によって置かれた。多賀城は蝦夷平定のために東北地方に置かれた拠点。
(3) **聖武天皇**が治めた天平年間 (729年～749年) には, 唐や西アジアの文化の影響を強く受けた国際的文化が栄えた。

❹ (1) 奈良時代の人々に課せられた兵役で, 3年間九州北部の防衛に派遣された。
(2) 奈良時代には, 歴史書である『**古事記**』や『**日本書紀**』も書かれた。

STEP 1 要点チェック

テストの要点を書いて確認　　本冊 P.20

①平将門　　②院政　　③守護　　④地頭
⑤征夷大将軍　　⑥承久の乱
⑦御成敗式目〔貞永式目〕　　⑧執権
⑨六波羅探題

STEP 2 基本問題　　本冊 P.21

1 (1) 武士団　　(2) エ
2 ①平氏　　②院政　　③平清盛　　④太政大臣
3 (1) ①執権　　②北条 (氏)　　(2) B守護　　C地頭
(3) (例) 戦いが起こったときに命がけで戦いに参加する。幕府や京都を警備する。　　(4) 承久の乱

解説

1 (1) **ア**の藤原純友は10世紀の半ばに瀬戸内海で反乱を起こした人物。**イ**の菅原道真は平安時代に遣唐使の停止を進言した人物。**ウ**の坂上田村麻呂は征夷大将軍となり, 8世紀末から9世紀にかけて東北地方の蝦夷と戦った人物。

2 ③**平清盛**は, 中国の宋との貿易に力を入れ, 兵庫 (現在の神戸市) の港〔大輪田泊〕を整備した。また, 厳島神社を整備して, 航海の安全を祈願した。

3 (2) **源頼朝**は, 1185年に国ごとに守護, 荘園や公領ごとに地頭を置くことを朝廷に認めさせた。
(4) **承久の乱**は, 後鳥羽上皇が幕府から朝廷へ勢力を回復しようと兵をあげた反乱である。鎌倉幕府は, 反乱を起こした朝廷を監視し, 西日本の武士を統率するために, 六波羅探題を置いた。また, 後鳥羽上皇側の武士の領地を取り上げ, 東日本の武士をその領地の地頭に任命した。

STEP 3 得点アップ問題　　本冊 P.22

1 (1) 藤原純友　　(2) 院政　　(3) ウ
2 (1) ①保元　　②平治　　(2) A
(3) ①太政大臣　　②宋　　③イ
3 (1) 御家人　　(2) 侍所
(3) ①将軍　　②B　　③封建制度
4 (1) イ　　(2) 承久の乱
(3) (例) 朝廷を監視すること。
5 (1) 御成敗式目〔貞永式目〕　　(2) 地頭
(3) イ

解説

1 (1) 瀬戸内海で反乱を起こしたのは**藤原純友**, 関東で反乱を起こしたのは**平将門**である。

(2)上皇の住まいであった「院」からこうよばれる。
(3)上皇は荘園に税の免除などの権利をあたえた。**ア**は桓武天皇、**イ**は聖武天皇、**エ**は藤原氏が行った政治である。

2 (2)保元の乱は朝廷での権力をめぐって起こった。平治の乱は平氏と源氏の対立から起こった。
(3)③**平清盛**は、兵庫（現在の神戸市）の港を整備し、**日宋貿易**を行った。

3 (2)**侍所**は、御家人の統率や軍事などを行った。**政所**は幕府の財政、**問注所**は裁判を担当した。
(3)③土地を仲立ちとして主従関係を結ぶ制度を**封建制度**という。

4 (1)後鳥羽上皇が兵をあげると、源頼朝の妻であった**北条政子**は、御家人に頼朝の御恩をうったえた。**ア**の後白河上皇は源平の争乱のころの上皇。**ウ**の平清盛は武士として初めて太政大臣についた。**エ**の源義経は源頼朝の弟で、壇ノ浦で平氏をほろぼした人物である。
(3)六波羅探題の設置によって、幕府の支配が全国に広がった。

5 (1)御成敗式目〔貞永式目〕は、**執権の北条泰時**が武士の慣習にもとづいて、裁判の基準を定めたものである。

2 鎌倉時代の文化と仏教

STEP 1 要点チェック

テストの **要点** を書いて確認
本冊 P.24

①新古今和歌集　②平家物語　③兼好法師
④鴨長明　⑤金剛力士像　⑥東大寺南大門
⑦似絵　⑧浄土宗　⑨浄土真宗　⑩時宗
⑪日蓮宗〔法華宗〕　⑫禅宗

STEP 2 基本問題
本冊 P.25

1 A○　B鉄　C宋銭〔銅銭〕
2 (1)エ　(2)エ　(3)東大寺南大門
3 aイ　bエ　cウ　dア

解 説

1 B鎌倉時代には鉄製の農具が普及し、草や木を焼いた灰が肥料として使われていた。また、米の裏作に麦などをつくる二毛作も行われるようになった。
C中国の宋の時代につくられた**宋銭（銅銭）**が輸入され、売買に使用されていた。**富本銭**は7世紀後半に日本でつくられた貨幣。

2 (1)**ア**は奈良時代に**大伴家持**がまとめた歌集。**イ**は平安時代に**紀貫之**などが編集した歌集。**ウ**は平安時代に**紫式部**があらわした文学作品。
(2)鎌倉時代には、武士や民衆の力がのびてきたために、写実的で親しみやすく力強い印象をあたえる文化

が発展した。**金剛力士像**は武士の気風を反映した力強い彫刻作品である。**ア**は天平文化、**イ**は国風文化、**ウ**は飛鳥文化。
(3)東大寺南大門には、宋から新しい建築様式が取り入れられた。

3 浄土宗と浄土真宗はどちらも「**南無阿弥陀仏**」と念仏を唱え、**阿弥陀如来**に救いを求める宗派であるが、浄土真宗は、念仏を唱えること自体よりも、阿弥陀如来の救いを信じる心を重視した。

STEP 3 得点アップ問題
本冊 P.26

1 (1)イ　(2)①ウ　②カ　③イ
(3)イ，ウ（順不同）
2 (1)（例）わかりやすい教えで、だれもが実行しやすい内容だったから。　(2)①エ　②イ　③ウ
3 (1)①エ　②ア
(2)①平家物語　②軍記物　③琵琶法師
(3)①エ　②エ　③金剛力士像　④ウ

解 説

1 (1)武士は、つねに武芸の訓練を行っていたことから、**ア**は誤りである。また、鎌倉時代には女子にも財産の相続権が認められ、分割相続がなされていたことから、**ウ**も誤りである。
(2)**地頭**となった武士は、荘園や公領の領主と争って、土地への支配権を強めていった。農民への支配も過酷なものとなった。なお、夫役は労働によって納める税である。**カ**の年貢は、支配者に納める農民の負担。
(3)**ア**、**オ**は弥生時代、**エ**はおもに奈良時代のよう。

2 (1)鎌倉仏教は、念仏を唱えたり、座禅のみを行うだけでよいとしたりして、教えを単純化してわかりやすくし、多くの人が実行しやすい仏教となった。そのため、多くの人々の心をとらえた。
(2)①**法然**は「南無阿弥陀仏」の念仏を唱えれば、だれもが極楽浄土に生まれ変われるという**浄土宗**を開いた。浄土宗は、主に武士や民衆に広がった。
②**親鸞**は法然の弟子で、法然の教えをさらにすすめ、自分の罪を自覚した悪人こそが救われると説き、**浄土真宗**を開いた。浄土真宗は、農村に広まり、主に民衆や地方の武士が信者となった。
③**一遍**は、踊りを取り入れた踊念仏を行ったり、念仏を書いた札を配ったりして**時宗**を開いた。

宗派	人物	内容
浄土宗	法然	念仏を唱えれば，誰でも極楽浄土に生まれ変われる。
浄土真宗	親鸞	自分の罪を自覚した悪人こそ救われる。
時宗	一遍	踊念仏を行い，人々に念仏信仰をすすめた。
日蓮宗〔法華宗〕	日蓮	法華経の題目を唱えれば，人も国家も救われる。
禅宗	栄西・道元	座禅によって，自分の力でさとりを開く。

3 (1)**イ**の『**枕草子**』は，清少納言の随筆で平安時代に書かれた。**ウ**の『**万葉集**』は，奈良時代に**大伴家持**によってまとめられた歌集。**オ**の『**徒然草**』は，**兼好法師**の随筆。

(2)『**平家物語**』は，平家一門の盛衰をえがいた**軍記物**。盲目の**琵琶法師**によって語り伝えられ，文字を読めない庶民にも広く親しまれた。

(3)①，②写真1は**東大寺南大門**である。建築にあたって宋の様式が取り入れられた。鎌倉文化は，宋の文化や武士の気風を反映した文化である。

③金剛力士像は，運慶らによってつくられた，寄木造の傑作とされる。東大寺南大門に置かれている。

④**ア**の紀貫之は平安時代に『**古今和歌集**』を編集した人物。**イ**の行基は奈良時代に一般の人々に仏教を広め，橋や用水路をつくった人物。**エ**の兼好法師は鎌倉時代に随筆の『**徒然草**』をあらわした人物。

	作品名	内容
文芸	『平家物語』	琵琶法師によって広められた。
	『徒然草』	兼好法師によって書かれた随筆。
	『方丈記』	鴨長明によって書かれた随筆。
	『新古今和歌集』	後鳥羽上皇の命令で藤原定家らによって編集された。
建築	東大寺南大門	宋の建築様式が取り入れられた。
	金剛力士像	運慶らによってつくられた。東大寺南大門に置かれている。

3 鎌倉幕府の滅亡と室町幕府

STEP 1 要点チェック

テストの**要点**を書いて確認

本冊 P.28

①文永　②弘安　③建武の新政
④征夷大将軍　⑤足利義満　⑥管領

STEP 2 基本問題

本冊 P.29

1 (1)モンゴル帝国　(2)元　(3)元寇
　(4)石塁　(5)イ

2 (1)エ　(2)南朝　(3)足利尊氏
　(4)①勘合貿易　②足利義満

解説

1 (1)**モンゴル帝国**は，チンギス・ハンが建国し，その後ユーラシア大陸の東西にまたがって領地を広げた。

▼モンゴル帝国

(13世紀ごろ)
■ モンゴルの本拠地
□ モンゴル帝国の最大領域（服属地域をふくむ）
⫽ 元の領域
⇒ マルコ・ポーロの行路

(4)**弘安の役**では，石塁などによって，元軍は九州に上陸できず，暴風雨の影響もあって大陸へ引き上げた。

(5)元軍との戦いで御家人に十分な恩賞はあたえられず，また領地は分割相続されていたため，御家人の中には，生活が苦しくなる者もいた。こうした御家人を救うために幕府は借金を帳消しにする**徳政令**を出したが，かえって混乱を招いた。

2 (1)**後醍醐天皇**による**建武の新政**は，公家を重視する政策をとったため，武士の間に不満が高まり，2年ほどで失敗した。

(2)京都方を**北朝**といい，南北朝の動乱は，約60年間続いた。

(3)**足利尊氏**は，1338年に北朝から征夷大将軍に任命され幕府を開いた。

(4)①ここでは勘合を使った名前で解答することに注意する。

②足利義満が始めた**日明貿易〔勘合貿易〕**では，日本は明に刀，銅，まき絵などを輸出し，明から銅銭，生糸，絹織物，書画などを輸入した。

STEP 3 得点アップ問題

本冊 P.30

1 (1)①元寇　②イ　(2)悪党
　(3)ア，エ (順不同)　(4)（永仁の）徳政令
　(5)ア

2 (1)後醍醐天皇　(2)建武の新政　(3)ア
　(4)B足利尊氏　C足利義満
　(5)奈良県　(6)守護大名

3 (1)（例）倭寇と正式な貿易船を区別するため。
　(2)朝鮮国〔朝鮮〕　(3)琉球王国
　(4)アイヌ民族

解説

1 (1)②幕府軍は右側の馬に乗っている武士であるので，**ア**は誤りである。また幕府軍の兵士は，馬上で甲冑に身を包んでいるので動きやすいとはいえないので，**ウ**は誤りである。動きやすいのは元軍の兵士。元軍は撤退したので，**エ**は誤りである。

(2)鎌倉時代の末期に近畿地方を中心にあらわれた，幕府や荘園領主に従わず年貢などをうばった武士を**悪党**

という。
(3)**イ**について，飛鳥時代に行われた**大化の改新**によって，豪族が支配していた土地は国家のもとに置かれることになった。**ウ**は奈良時代の農民のようすである。
(5)**イ**の源頼朝は鎌倉幕府を開いた武士。**ウ**の藤原純友は平安時代に瀬戸内海で反乱を起こした武士。**エ**の平清盛は平安時代末期に，武士として初めて太政大臣となった。

2 (3)後醍醐天皇は，武士社会の慣習を無視し，公家を重視する政策をとった。

ミス注意！

(4)**足利尊氏**は室町幕府の**初代**将軍。足利義満は室町幕府の**第3代**将軍で，**日明貿易〔勘合貿易〕**を始めた。

(5)後醍醐天皇は，現在の奈良県にある吉野で朝廷を開いた。この朝廷は，南朝とよばれる。

3 (1)中国や朝鮮半島を襲う**倭寇**と正式な貿易船を区別するために，**勘合**という証明書を使用した。
(2)**朝鮮国**は，14世紀末に李成桂が高麗をほろぼして建てた国。ハングルという文字をつくり，日本とも貿易を行った。
(3)**琉球王国**は，15世紀はじめに尚氏が沖縄島を統一し，首里を都とした国である。
(4)**アイヌ民族**は狩りや漁業などを行い，14世紀から津軽（青森県）の十三湊を根拠地とする豪族の安藤氏と交易を行った。

国・民族	特徴
朝鮮国	14世紀末に成立。ハングルをつくり，日朝貿易を行った。
琉球王国	15世紀初めに成立。明や朝鮮，日本，東南アジアとの中継貿易で栄えた。
アイヌ民族	狩りや漁業を行い，14世紀からは十三湊の豪族と交易を行った。

4 産業の発達と民衆文化

STEP 1 要点チェック

テストの要点を書いて確認　本冊 P.32

①守護大名　②応仁の乱　③戦国　④世阿弥
⑤御伽草子　⑥金閣　⑦銀閣　⑧雪舟

STEP 2 基本問題　本冊 P.33

1 Aイ　Bウ　Cア　Dエ
2 (1)①足利義政　②ア　(2)山城国一揆
(3)浄土真宗
3 (1)①足利義満　②観阿弥　(2)ウ

解説

1 **A**の馬借は陸上の運送業者，**B**の土倉は高利貸し，**C**の惣は村の自治組織，**D**の座は営業を独占した商工業

者の同業者団体である。
2 (1)室町幕府の第8代将軍である**足利義政**のあとつぎ問題に，有力な**守護大名**である細川氏と山名氏が対立し，1467年に**応仁の乱**が起こった。
(2)山城は現在の京都府南部である。**山城国一揆**は，武士と農民が協力して守護大名を追い出し，8年間自治を行った。
(3)**加賀**で起こった浄土真宗の信者による一揆では，守護大名をたおして，自治を行った。
3 (1)室町幕府の第3代将軍**足利義満**のころに栄えた文化を北山文化，第8代将軍足利義政のころに栄えた文化を東山文化という。
(2)**ア**は飛鳥文化，**イ**は天平文化の特色である。金閣は，公家文化と武家文化が融合した特色があらわれている建物である。

STEP 3 得点アップ問題　本冊 P.34

1 (1)ア　(2)①座　②町衆
2 (1)惣　(2)①土一揆　②荘園領主
(3)山城国一揆　(4)浄土真宗〔一向宗〕
3 (1)分国法　(2)エ
(3)（例）下の身分の者が実力で上の身分の者に打ち勝つ風潮。
4 (1)①書院造　②ウ　③イ　④エ　⑤エ
(2)ア

解説

1 (1)**ア**は**和同開珎**ではなく，**宋銭や明銭**が使用されたことから，誤りである。和同開珎は，奈良時代に使用された貨幣である。
2 (1)**惣**では，農業用水や林野の利用・管理などに関する村のおきてを定めた。
(2)①このような一揆は近畿地方を中心に広がり，幕府に徳政令を要求するものもあった。
②農民は，荘園領主や守護大名に支配を受けていた。
(3)山城は現在の京都府南部である。
(4)**浄土真宗**は鎌倉時代に親鸞によって開かれた仏教の宗派。地方の武士や農民に広がり，室町時代に発展して一揆などを起こした。
3 (1)**戦国大名**は，それぞれ**分国法**を定めて武士や領国を支配し，荘園領主の支配を認めず，領国を統一して支配した。
(2)**エ**の藤原氏は，平安時代に，朝廷で力を広げた貴族。
(3)**下剋上**の風潮の中で，下の身分の者が守護大名の地位をうばって実権をにぎった戦国大名もいた。
4 (1)①**書院造**の中で，床の間が設けられ，書画や生け花がかざられた。寺院の部屋の様式を，武家の住居に取り入れた。
②**ウ**のガラス戸ではなく，障子が設けられている。

③東求堂は銀閣と同じ敷地内にあり，足利義政の書斎であった。

④アの足利尊氏は室町幕府の初代将軍。イの足利義満は第3代将軍で金閣を建てた。ウの足利義教は第6代将軍。

（2）イは鎌倉時代，ウは平安時代，エは奈良時代の文化。

第2章 中世の日本
定期テスト予想問題　　本冊 P.36

❶ （1）（例）農民は，鎌倉幕府が成立する前は荘園領主のみに負担を課せられていたが，鎌倉時代には，地頭にも負担を課せられていた。
（2）（例）2つの宗派はわかりやすく，実行しやすかったので，人々の間に広まった。

❷ （1）①（平）将門　②（源）義家
（2）①藤原　②政所　③御家人
④（例）武士が昔からもっている土地を保護した。武士に新しい領地をあたえた。　⑤奉公

❸ （1）①管領　②ウ
（2）（例）守護のうち，領国で家来や領地を増やして，力をもった者。

❹ （1）（例）分割して相続した
（2）元

❶ （1）資料1の「荘園領主様への…」「…地頭が…大勢の者をこき使いますので，」とあることから，農民は荘園領主と，鎌倉幕府によって新しく荘園や公領ごとに置かれた地頭のどちらからも負担を課せられていることがわかる。
（2）平安時代の仏教は，山奥で修行や学問などを行う必要があったが，浄土宗は一心に念仏を唱える，曹洞宗はひたすら座禅に打ち込むなどということから，鎌倉時代の新しい仏教は，人々にとってわかりやすく，実行しやすいものであったことがわかる。

❷ （1）①10世紀半ばには，関東地方で平将門，瀬戸内海で藤原純友が反乱を起こした。この2つの反乱を，朝廷は武士の力を借りてしずめ，武士が中央に進出するきっかけとなった。
②源義家は東北地方で起こった，前九年合戦〔前九年の役〕と後三年合戦〔後三年の役〕をしずめて，東日本へ勢力をのばした。
（2）①奥州藤原氏は，東北地方で強い勢力をもち，約100年間栄えていたが，源義経をかくまったとして，源頼朝にほろぼされた。藤原氏が建てた中尊寺金色堂は世界文化遺産に登録されている。
②財政などの役割を果たしていたのは政所である。侍

所では御家人の統率，問注所では裁判を行った。
③御家人は，将軍に対して忠誠をちかった武士である。
⑤奉公とは，御家人が将軍に忠誠をちかい，戦いが起こったときに，生命をかけて軍役の義務を果たすことである。

❸ （1）鎌倉幕府と室町幕府のしくみは，あまり変わりはないが，室町幕府では守護や鎌倉府などの地方の役職が力をもつようになった。

（2）守護大名は室町時代に守護が領国で家来や領地を増やして力をもった者。戦国大名とは，戦国時代に守護大名が成長したり，下剋上で守護大名からその領地をうばったりした者である。

❹ （1）資料から，当時は領地を分割して相続していたことがわかる。
（2）元は1274年と1281年の2度にわたって日本に攻めてきた。この2度の襲来を元寇という。

1 ヨーロッパ人の来航と天下統一

STEP 1 要点チェック

テストの**要点**を書いて確認　　　　　本冊 P.38

①コロンブス　　②宗教改革　　③マゼラン
④鉄砲　　⑤キリスト教　　⑥豊臣秀吉

STEP 2 基本問題　　　　　　　　　本冊 P.39

1 (1) ウ　　(2) A ウ　　B イ　　C ア
2 (1) A，C（順不同）　(2) 南蛮貿易　　(3) エ
3 (1) ア　　(2) 狩野永徳

解説

1 (1) **ウ**のルターは，**ローマ教皇〔法王〕**が中心であるカトリック教会の腐敗を批判し，聖書の教えに立ち返ろうとして**宗教改革**を始めた。**ア**のローマ教皇〔法王〕は，宗教改革で批判された側である。**イ**のイエズス会は宗教改革のあと，カトリック教会の立て直しをめざしてその内部でつくられた組織である。のちに日本にキリスト教を伝えた宣教師のフランシスコ・ザビエルもこの組織に所属していた。**エ**のムハンマドは，7世紀にアラビア半島でイスラム教を開いた人物である。
(2) **A**の**マゼラン船隊**は，1522年に世界一周を成しとげたが，マゼラン自身はフィリピンで住民と争い，亡くなった。**B**の**バスコ・ダ・ガマ**は1498年にアフリカ南端の喜望峰を通って，インドに到達した。**C**の**コロンブス**は，1492年に大西洋を横断して西インド諸島に達した。コロンブスはそこをインドの一部だと思っていた。

人物	おもな業績
コロンブス	1492年大西洋を横断して西インド諸島に到達した。
バスコ・ダ・ガマ	1498年にアフリカ大陸南端の喜望峰を通ってインドに到達。
マゼラン	マゼランは途中のフィリピンで亡くなったが，1522年にマゼランの船隊が世界一周に成功。

2 ミス注意!
(1) **織田信長**は仏教勢力を排除するために，キリスト教を保護したが，**豊臣秀吉**はキリスト教を禁止し，宣教師を追放した（バテレン追放令）。

(2) 秀吉はキリスト教を禁止したが，貿易の利益を得るために**南蛮貿易**は続けた。そのため，禁止は徹底されず，キリスト教徒は増加した。
(3) **楽市・楽座**は，座を廃止し，商工業を繁栄させることを目的として行われた。これにより**安土城**などの城下町は栄えた。**ア**は座について述べている。**イ**は豊臣秀吉が行った刀狩の内容について述べている。**ウ**は楽市・楽座の内容にあてはまらない。
3 (1) **桃山文化**は大名や大商人の気風を反映した豪華で雄大な文化である。代表的なものとして，**狩野永徳**

の『**唐獅子図屏風**』や千利休の茶の湯，出雲の阿国によるかぶきおどりなどがある。**イ**は国風文化，**ウ**は鎌倉時代の文化，**エ**は飛鳥文化や天平文化の特色である。

STEP 3 得点アップ問題　　　　　　本冊 P.40

1 (1) ウ　　(2) イ　　(3) プロテスタント
(4) ① A　　② エ　　③（フランシスコ・）ザビエル
④南蛮貿易
2 (1) 今川氏　　(2) ウ　　(3) ア　　(4) 明智光秀
(5) 兵農分離
(6) (例) 農民が一揆を起こさないようにするため。
(7) エ　　(8) 明
3 (1) 姫路城　　(2) ① オ　　② エ　　③ イ

解説

1 (1) **ルネサンス**とは，ギリシャやローマの古代文化を学びなおす動きである。最もさかんであったのは15世紀のイタリア。ミケランジェロの『**ダビデ像**』や，レオナルド・ダ・ビンチの『**モナ・リザ**』など，優れた芸術作品が多数つくられた。**ア**のフビライ・ハンは13世紀後半に，中国で**元**を建国した人物。**イ**のルターは，16世紀に宗教改革を始めた人物。**エ**のマゼランは，その船隊が16世紀前半に世界一周を成しとげた人物。
(2) **ア**について，聖書のドイツ語訳を発行したのはルターの業績。**ウ**について，当時のカトリック教会は天動説を支持した。**エ**について，働いて富を得ることは，神の教えにかなうと説いたのは**カルバン**である。
(3) プロテスタントの信仰の中心は教会の指導ではなく，聖書を読むことである。

ミス注意!
(4) ① **A**は**コロンブス**，**B**は**マゼラン船隊**，**C**は**バスコ・ダ・ガマ**の航路。
②鉄砲が伝わったのは鹿児島県にある**種子島**である。
③イエズス会の宣教師である**フランシスコ・ザビエル**が，鹿児島に上陸し，キリスト教を布教した。その後山口や京都などにも活動を広げ，2年余り日本に滞在した。
④ポルトガル人やスペイン人を**南蛮人**とよんだ。南蛮貿易では，日本は生糸や絹織物など中国産の品物を輸入し，おもに銀を輸出していた。

2 (1) **織田信長**は尾張（愛知県）の小さな大名であったが，桶狭間の戦いで駿河（静岡県）の大名である今川義元を破り，その後勢力を広げた。
(2) 足利義昭は，織田信長の働きかけによって室町幕府の第15代将軍となったが，対立し，信長が義昭を追放して室町幕府はほろんだ。**ア**の足利尊氏は第1代将軍で，六波羅探題をほろぼした。**イ**の足利義政は第8代将軍で，銀閣を建てた。**エ**の足利義満は第3代将軍で，南北朝を統一した。

▼信長の領国

（3）**長篠の戦い**は，新兵器である**鉄砲**を組織的に活用した戦いである。これにより，徳川・織田連合軍は武田勝頼の軍を破った。**イ**は元寇における元軍の戦法。**ウ**は秀吉の**朝鮮侵略**の際に，朝鮮軍がとった戦法。**エ**は桶狭間の戦いで織田信長がとった戦法。

（5）兵農分離によって，身分によって職業が分かれるという近世の社会のしくみが固まった。

（6）刀狩の目的は，農民や寺社から刀ややり，鉄砲などの武器を取り上げ，一揆を防いで耕作に専念させることであった。

（7）豊臣秀吉は，1590年に**エ**の関東の北条氏をたおし，奥羽の大名も従ったことから，全国統一が完成された。

3（1）壮大な城は**桃山文化**の代表で，高くそびえる天守をもつ。姫路城は兵庫県姫路市にあり，秀吉が天守を築いたとされる。1993年に**世界文化遺産**に登録された。

（2）①桃山文化のころ，安土城や大阪城などの壮大な城のふすまや屏風には，**狩野永徳**らによる**はなやかな絵**がえがかれていた。

②千利休は織田信長や豊臣秀吉に仕え，**質素なわび茶**の作法を完成させ，茶の湯を茶道に高めた。

③17世紀初めに**出雲の阿国**がかぶきおどりを始め，人々の人気を集めた。

② 江戸幕府の成立と鎖国

STEP 1 要点チェック

テストの **要点** を書いて確認　　本冊 P.42

①関ヶ原の戦い　②征夷大将軍　③武家諸法度
④島原・天草一揆　⑤鎖国　⑥老中

STEP 2 基本問題　　本冊 P.43

1（1）徳川家康　（2）関ヶ原
　（3）①外様大名　②武家諸法度
2（1）ウ　（2）①キリスト教　②エ
　（3）出島　（4）鎖国

解説

1（1）**徳川家康**は東海地方で勢力を広げた大名であったが，北条氏がほろんだあと，豊臣秀吉によって関東地

方に移された。

（2）**関ヶ原の戦い**は，豊臣政権を守ろうとした石田三成らを中心とする**西軍**と，家康を中心とする**東軍**に分かれて戦った。この戦いに勝利した家康は，1603年に征夷大将軍に任命され，江戸幕府を開いた。

ミス注意！

（3）①関ヶ原の戦いの前から徳川家に従っていた大名を**譜代大名**，関ヶ原の戦い以後に従った大名を**外様大名**という。徳川家の一族は**親藩**といい，中でも尾張，紀伊，水戸の三家を御三家という。
②大名を統制するために，幕府が出した法律を**武家諸法度**という。この法律は，将軍が代わるごとに出され，大名の築城や結婚などについてきびしく取りしまった。第3代将軍**徳川家光**のときには**参勤交代**の制度が義務づけられた。

2（1）**徳川家康**は，江戸時代初期には海外との貿易を積極的に進めていた。日本船の渡航を許可する**朱印状**を発行して，東南アジアとの間で**朱印船貿易**が行われた。貿易が行われたことにより，ベトナムやタイ，フィリピンの各地に**日本町**ができた。

▼朱印船の航路と日本町

（2）B幕府は1641年に，長崎の**出島**にオランダ人を移動させ，人々との交流ができないようにした。

（3）①それまで幕府は貿易の利益のためにキリスト教を黙認していた。しかし，キリスト教が全国に広がり，幕府の体制をゆるがすことをおそれ，1612年に幕領に**キリスト教禁止令〔禁教令〕**を出した。また，かくれてキリスト教を信仰している人を発見するために，**絵踏**を行った。
②島原は長崎県，天草は熊本県であることから，**エ**の九州である。

（4）幕府による禁教，貿易統制，外交独占の体制である。

1 (1) ①エ　　②譜代大名　　(2) ①イ　　②ア

(3) ①武家諸法度　　②イ

③(例) 大名に江戸と領地を1年おきに往復させ，妻子を江戸に住まわせる制度。

2 (1) Aウ　Bア　Cイ　　(2) 五人組

3 (1) 朱印状　　(2) 絵踏

(3) ①出島　　②ア，ウ (順不同)

③エ　　④イ　　⑤相手ーア　位置ーB

解説

1 (1) ①**老中**は江戸幕府の政治をつかさどる最高職。臨時に老中の上に**大老**が置かれることもあった。**ア**の太政官は，古代の律令制における国政の最高機関。**イ**の執権は，鎌倉幕府において将軍を補佐した役職。**ウ**の管領は，室町幕府において将軍を補佐した役職。

②江戸幕府の重要な職には，**譜代大名**や将軍直属の武士である**旗本**が任命された。

(2) ①**伊達，前田，島津**は，関ヶ原の戦い以後に徳川家に従った大名であることから，**イの外様大名**があてはまる。

②幕府は大名の配置を工夫し，外様大名を江戸から遠い地域に移した。

親藩	徳川家の一門
譜代大名	関ヶ原の戦いの前からの徳川家の家臣
外様大名	関ヶ原の戦い以後に徳川家に従った大名

(3) ①②**武家諸法度**は大名を統制するために，1615年，徳川秀忠のときに出されたのが最初。その後，1635年，家光のときに**参勤交代**の制度などが付け加えられた。違反した大名には領地の没収や国替えなどきびしい処罰が科せられた。

③参勤交代とは，大名が1年おきに江戸と領地を往復し，妻子を江戸に住まわせる制度である。この江戸と領地の往復にかかる費用や江戸での滞在費は大名が負担していたので，**藩の財政を圧迫**した。

2 (1) **A**は全体の約85％を占め，年貢を納めている百姓である。**B**は百姓に次いで多く，全国の領地を治めている大名や，幕府直属の家臣である旗本や御家人がふくまれる武士があてはまる。武士は名字や帯刀などの特権があった。**C**は江戸や大阪，京都などの町に住んでいる，商人や職人の町人である。

▼近世日本の人口構造(幕末のころ)

えた身分・ひにん身分　約1.5％　公家・神官・僧侶
　　　　　　　　　　　　その他 約1.5％
町人 約5％
武士 約7％
総人口
約3200万人
(推定値)
百姓 約85％

(2) 農村では，**五人組**をつくらせ，年貢をきちんと納めさせたり，犯罪者が出れば五人組全体を罰したり，

キリスト教徒がいれば密告させたりした。農民だけでなく，町人にも五人組をつくらせた。

3 | **ミス注意！** |
| --- |
| (2) イエスやマリアの像そのものを**踏絵**，踏絵を踏ませる行為を**絵踏**という。 |

(3) ②オランダに貿易が認められたのは，**キリスト教布教の意志がなかったから**である。

③日本からは銀のほかに，銅，海産物などが輸出された。オランダと中国からは，生糸，絹織物，薬，砂糖などを輸入した。

④世界の情報を得るため，オランダに**オランダ風説書**を，中国に**唐船風説書**を提出させた。**ア**の検地帳は検地を行ったときにつくったもの。**ウ**の触書とは，幕府や藩主などが，民衆に対して告げ知らせるために書いたもの。**エ**の風土記は，奈良時代につくられた，地方の自然や伝説などを記したもの。

⑤**ア**の**朝鮮**とは**対馬藩**によって国交が回復し，将軍の代がわりごとに**朝鮮通信使**が日本に派遣された。**イ**の琉球王国は薩摩藩に攻められて服属したが，中国とも貿易を行っていた。**ウ**のアイヌ民族は，漁業などを行い，千島列島や樺太(サハリン)，中国とも交易を行っていた。幕府は蝦夷地(北海道)の**松前藩**を通じて交易した。しかし，松前藩に不満をもったアイヌの人々は，17世紀後半に**シャクシャイン**を中心に反乱を起こした。**エ**のロシアとは，まだ貿易は行われていなかった。

③ 幕府政治のうつりかわり

STEP 1 要点チェック

テストの **要点** を書いて確認
本冊 P.46

①備中ぐわ　　②千歯こき　　③朱子学　　④井原西鶴
⑤松尾芭蕉　　⑥菱川師宣　　⑦享保
⑧公事方御定書　　⑨上げ米

STEP 2 基本問題
本冊 P.47

1 (1) ①新田　②商品作物　　(2) 備中ぐわ

2 (1) A東廻り航路　　B西廻り航路
　(2) a将軍のおひざもと　　c天下の台所
　(3) 三都

3 (1) ①徳川綱吉　②徳川吉宗　③目安箱
　(2) ①浮世草子　②尾形光琳

解説

1 (1) ①**新田**とは江戸時代に新しく開墾された耕作地のこと。幕府や藩は土地の開墾に力を入れ、用水路をつくったり、海や沼地などの干拓を進めたりした。特に第8代将軍**徳川吉宗**のときに新田開発が進んだ。
②農業生産力が高まると、農村では麻やわた、あぶらなや、染料に使うべにばなやあいなどの商品作物がつくられるようになった。このことにより、自給自足に近かった農村にも貨幣経済が広がっていった。
(2) 備中ぐわや千歯こきなどの新しい農具や農業知識の広まりで、農業の生産力が大幅に向上した。

2 **ミス注意!**

(1) 大量の年貢米や特産物を運ぶには水上交通のほうが便利であり、17世紀後半に、江戸の材木商人の河村瑞賢によって、**西廻り航路**と**東廻り航路**が整備された。東廻り航路は、東北地方から太平洋沿岸を通って江戸に至る航路である。西廻り航路は、東北地方から日本海沿岸を通り、下関（山口県）を経由して大阪に至る航路である。

▼西廻り航路と東廻り航路

(2) aの江戸は、「**将軍のおひざもと**」といわれ、幕府の城下町として栄えていた。18世紀のはじめには、人口が約100万人になった。bの京都は、文化・芸能の中心地であり、西陣織などの手工業が発達した。cの大阪は、「**天下の台所**」といわれ、商業や金融の中心地であり、諸藩の**蔵屋敷**が置かれ、各地の特産物など

が販売された。

3 (1) ①**元禄文化**は17世紀末から18世紀の初めごろにかけて栄えた上方（大阪、京都が中心）の町人が担い手の文化。ちょうど第5代将軍徳川綱吉の治世にあたる。
②③第8代将軍徳川吉宗は、幕府の政治と財政を立て直すために、**享保の改革**を行った。その政策のうちの1つが、民衆の意見を求めるために設置した目安箱である。
(2) ①**井原西鶴**の『**好色一代男**』が最初の浮世草子である。
②**俵屋宗達**の影響を受けて、大和絵風の装飾画を大成したのは、尾形光琳である。

STEP 3 得点アップ問題
本冊 P.48

1 (1) ①イ　②ア　　(2) ①ア　②イ
　③ウ　④Xイ　　Yア　　Zウ
　⑤樽廻船　　⑥記号−Z　地名−大阪

2 (1) 浮世絵　　(2) ①ウ　②エ　③イ

3 (1) エ　　(2) エ　　(3) ①エ
　②（例）売ることを目的としてつくられる作物。
　(4) ウ

解説

1 (1) ①は備中ぐわで、土を深く耕すための農具。
②は千歯こきで、脱穀をするための道具。**ウ**にあたるのは、穀粒ともみがらの選別が簡単にできる**唐み**。
(2) ①**A**は新潟県の佐渡島で、**佐渡金山**があり、技術が発達して金が大量に採掘された。そのため、佐渡金山は幕領だった。
②**B**は千葉県の九十九里浜。この浜で獲れるいわしは肥料（干鰯）に加工され、綿作のさかんな近畿地方などに売られた。
③石川県の輪島では、うるしを使った輪島塗という漆器が特産品である。
④**X**が江戸、**Y**が京都、**Z**が大阪である。
⑤樽詰めの酒を運んだことから樽廻船とよばれた。のちには、酒以外のものも運ぶようになった。また、大阪と江戸の間の航路を南海路という。
⑥諸藩は大阪に蔵屋敷を置き、年貢米や特産品を保管し、それらを販売することで現金収入を得た。江戸や長崎にも蔵屋敷はあったが、商業や金融の中心地である大阪に特に多かった。

2 (1) 絵は**菱川師宣**の『**見返り美人図**』。菱川師宣は町人の風俗を題材とした**浮世絵**を始めた。
(2) ①武士や町人の生活を題材にした、**浮世草子**という小説を書いた人物は、井原西鶴である。代表的な作品は『**日本永代蔵**』や『**世間胸算用**』など。
②義理と人情の間で板ばさみになる男女の悲劇を、人形浄瑠璃の脚本にえがいた人物は、**近松門左衛門**である。代表的な作品は『**曽根崎心中**』など。
③各地を旅しながら俳諧〔俳句〕を大成したのは、松尾芭蕉である。紀行文の『**奥の細道**』をあらわした。

(1) エの生類憐みの令は第5代将軍徳川綱吉のときの法律。ア〜ウが享保の改革にあてはまる。

(2) 打ちこわしとは，都市の民衆が米の買い占めをした商人などを襲撃したことである。ア，ウは農民が中心となって起こした。

(3) ①染料に使われたものは，べにばなやあいなどの花である。

②商品作物とは，年貢としてではなく，最初から売ることを目的とした作物である。この作物をつくることによって，農村にも貨幣経済が広がった。

ミス注意！

(4) ア，イは工場制手工業〔マニュファクチュア〕の特色。問屋制家内工業は，原料や道具を農民に貸して製品をつくらせ買い取るという生産方法である。

4 ゆらぐ幕府政治

STEP 1 要点チェック

テストの**要点**を書いて確認　　　本冊 P.50

①田沼意次　　②寛政
③異国船打払令〔外国船打払令〕
④大塩平八郎　⑤水野忠邦　⑥本居宣長
⑦解体新書　　⑧伊能忠敬　⑨喜多川歌麿
⑩葛飾北斎

STEP 2 基本問題　　　本冊 P.51

1 (1) A田沼意次　　B松平定信　(2) 朱子学
2 ①江戸　　②化政　　③葛飾北斎
　④川柳　　⑤寺子屋
3 (1) 異国船打払令〔外国船打払令〕　(2) 大塩平八郎
　(3) イ

解説

1 (1)(2) 松平定信は，祖父である第8代将軍徳川吉宗の政治を理想とし，寛政の改革を始めた。ききんや凶作に備えるため，農村に倉を設けて米を蓄えさせ，江戸などに出て来ていた農民を農村に帰した。また，旗本や御家人の借金を帳消しにした。江戸の湯島に昌平坂学問所をつくり，朱子学以外の学問を禁止した。しかし，政治批判を禁じるなどの厳しい統制は人々の反感をかった。

2 ①②19世紀初めの文化・文政年間に江戸の町人を中心に栄えた文化を，化政文化という。
③浮世絵で，『富嶽三十六景』などの優れた風景画をえがいた人物は，葛飾北斎である。

文芸	
十返舎一九	『東海道中膝栗毛』
滝沢馬琴	『南総里見八犬伝』
与謝蕪村	俳諧（俳句）
小林一茶	俳諧（俳句）
絵画	
喜多川歌麿	『ポッピンを吹く女』
葛飾北斎	『富嶽三十六景』
歌川〔安藤〕広重	「東海道五十三次」
鈴木春信	錦絵

④社会や政治問題を風刺したのは，川柳や狂歌である。川柳は俳諧〔俳句〕の形式をとって5・7・5の17字からなり，狂歌は5・7・5・7・7の和歌の形式をとっている。

⑤町人や農民の子どもが，読み・書き・そろばんを習うようになった場所を寺子屋という。これに対し，武士の子どもらに学問や武道を教えた場所を藩校という。

3 (1) 19世紀になると，ロシアに続きほかの諸外国の船が日本の沿岸に近づくようになった。この動きを受けて，幕府は外国船から日本を守るため，日本に接近する外国船を撃退することを命じた，異国船打払令〔外国船打払令〕を出した。

▼外国船の接近

1811〜13年　ゴローウニン事件（露）
国後島
択捉島
根室
函館
1804年 レザノフ来航（露）
1808年 フェートン号事件（英）
1844年 オランダ国王の開国勧告（蘭）
1792年 ラクスマン来航（露）
浦賀
江戸
長崎
山川
1837年 モリソン号来航（米）
1846年 ビッドル来航（米）
1837年モリソン号来航（米）

(2) もと大阪町奉行所の役人で陽明学者であった大塩平八郎は，1830年代に起きた天保のききんによって苦しんでいる人々のために，大商人などを襲って米や金を分けようとした。この乱はもと役人が起こしたということで，幕府は衝撃を受けた。

ミス注意！

(3) 18世紀前半に第8代将軍徳川吉宗が行った改革を享保の改革，18世紀後半に老中の松平定信が行った改革を寛政の改革，19世紀前半に老中の水野忠邦が行った改革を天保の改革という。

STEP 3 得点アップ問題　　　本冊 P.52

1 (1) 田沼意次　　(2) ウ　　(3) Aア　　Bエ　　Cイ

(4) エ　　(5) イ　　(6) ウ

2 (1) 国学（こくがく）　(2) ア　(3) イ　(4) 藩校（はんこう）
(5) 寺子屋（てらこや）

3 (1) ①イ　②ウ　③エ　④ア
(2) ①イ　②（例）元禄文化は上方を中心に栄えたが，化政文化は江戸を中心に栄えた。

1 (1) 田沼意次（たぬまおきつぐ）は，18世紀後半に老中となり，幕府の財政（ざい）を立て直そうとして，商工業者の力を利用した。商工業者によってつくられた**株仲間（かぶなかま）の結成**を奨励し，特権（とっけん）をあたえるかわりに営業税を納めさせた。また，長崎（ながさき）貿易にも力を入れ，銅の専売制（せんばいせい）を実施した。新田（しんでん）開発のために印旛沼（いんばぬま）（千葉県（ちばけん））などの大規模な干拓（かんたく）工事を計画し，蝦夷地（えぞち）を調査した。
(3) **ア**は田沼の政治，**イ**は天保の改革，**ウ**は享保の改革，**エ**は寛政の改革についてそれぞれ述べている。
(4) 間宮林蔵（まみやりんぞう）が樺太（からふと）を探検したのは，1792年にロシアの**ラクスマン**が根室（ねむろ）に来航したことなどから，幕府がロシアを警戒して調査を命じたためである。ほかに近藤重蔵（こんどうじゅうぞう）なども調査を行った。
(5) **大塩の乱**は，もと大阪町奉行所の役人であった**大塩平八郎（おおしおへいはちろう）**が起こしたものである。この乱が起こったころの1830年代には天保のききんが起こり，百姓一揆（ひゃくしょういっき）や打ちこわしが多発した。**ア**は島原・天草（あまくさ）一揆，**ウ**は天保の改革について述べている。

▼百姓一揆と打ちこわしの発生件数

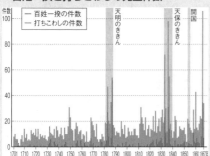

(6) 幕府が**異国船打払令〔外国船打払令〕**を出したのは，年表中の間宮林蔵が樺太を探検したあとの1825年である。ロシアのラクスマンが根室にあらわれたことなどから，幕府が警戒して樺太を調査し，その後，異国船打払令を出した流れをつかんでおくようにする。

2 ミス注意！
> (1) 国学では本居宣長（もとおりのりなが）が『古事記伝（こじきでん）』をあらわし，蘭学（らんがく）では杉田玄白（すぎたげんぱく）らが『解体新書』を出版した。

(2) **イ**の千利休（せんのりきゅう）は桃山（ももやま）文化で活躍した茶の湯を大成した，**ウ**の松尾芭蕉（まつおばしょう）は元禄文化で活躍した俳諧（俳句）を大成した，**エ**の井原西鶴（いはらさいかく）は元禄文化で活躍した浮世草子（うきよぞうし）を書いた人物である。
(3) **伊能忠敬（いのうただたか）**は，測量術を学び，正確な日本地図をつくったことから，**イ**があてはまる。
3 (1) 十返舎一九（じっぺんしゃいっく）の**『東海道中膝栗毛（とうかいどうちゅうひざくりげ）』**は滑稽本，滝沢（たきざわ）馬琴（ばきん）の**『南総里見八犬伝（なんそうさとみはっけんでん）』**は人気の小説であり，地方

にも広まっていった。
(2) ①多色刷りの版画である錦絵（にしきえ）は，**鈴木春信（すずきはるのぶ）**が始めた。**ア**の大和絵（やまとえ）は平安時代に始まった日本風の絵画。**ウ**の水墨画（すいぼくが）は室町時代に雪舟（せっしゅう）が多く作品を残した。**エ**の障壁画（しょうへきが）は，桃山文化のころに狩野永徳（かのうえいとく）らによってふすまや屏風（びょうぶ）にえがかれたもの。
②どの地域を中心に栄えた文化であるかがポイントである。

第3章 | 近世の日本
定期テスト予想問題
本冊 P.54

1 (1) イ　　(2) ア　　(3) Ｃエ　　Ｅイ
(4)（例）ものさしなどを統一して全国の田畑の広さなどを調べ，予想される生産量を石高（こくだか）としてあらわした政策。
(5) ア　　(6) 兵農分離（へいのうぶんり）
(7) ウ→ア→イ　　(8) エ

2 (1) イ　　(2) ア
(3) ①Ｂ　②Ｅ　③Ｃ　④Ａ　⑤Ｄ

3 Ｃ

1 (1) **ルネサンス**によって天文学や地理学が発達したことが大航海時代につながった。また，**宗教改革**の結果，イエズス会が中心となり，カトリック教会側が海外布（ふ）教に力を入れるようになった。**イ**の明（みん）はヨーロッパ人の来航に関係ない。
(2) **楽市（らくいち）・楽座（らくざ）**は市場の税を免除し，座（ざ）を廃止した政策。**織田信長（おだのぶなが）**が安土城（あづちじょう）下などで実施した。**イ，ウ，エ**は豊臣秀吉（とよとみひでよし）の政策。
(3) **ア**の桶狭間（おけはざま）は，織田信長が1560年に今川義元（いまがわよしもと）を破ったところである。
(4) 太閤検地（たいこうけんち）の「太閤」とは豊臣秀吉のことである。この検地により，全国の土地が統一的な基準であらわされるようになった。
(5) 秀吉のころに栄えたのは**桃山文化**である。**イ**は鎌倉（かまくら）文化，**ウ・エ**は室町（むろまち）文化である。
(6) **兵農分離**は，豊臣秀吉の太閤検地と刀狩（かたながり）によって進められ，江戸時代の身分制度のもとになった。
(7) **ア**は1637年，**イ**は1639年，**ウ**は1612年。早くからキリスト教を禁止する方針を打ち出していた幕府が次々に鎖国（さこく）政策を進め，**島原・天草（あまくさ）一揆**をきっかけにポルトガル人を追放した。
(8) 17世紀後半以降は，オランダと清〔中国〕の船のみが長崎（ながさき）に来航した。**ア**の**スペイン**は1624年に来航を禁止された。**イ**の**琉球王国（りゅうきゅうおうこく）**は，薩摩藩（さつまはん）によって征服された。**ウ**の**朝鮮（ちょうせん）**は対馬藩（つしまはん）（長崎県）と連絡・貿易を行った。

2 (1) **徳川秀忠（とくがわひでただ）**は第2代将軍で**武家諸法度（ぶけしょはっと）**を初めて出した。**徳川家光（とくがわいえみつ）**は第3代将軍で，参勤交代（さんきんこうたい）を制度化した。

(2)AとBの間の時期に栄えたのは元禄文化，DとEの間の時期に栄えたのは化政文化である。元禄文化は京都・大阪などの上方を中心に栄えたのでアが正しい。ウについて，井原西鶴は元禄文化のころに浮世草子と呼ばれる小説を書いた。エについて，元禄文化も化政文化も文化の担い手は庶民であった。

ミス注意！

(3)

人物	改革・政策のおもな内容
徳川綱吉 （とくがわつなよし）	儒学（朱子学）の奨励 生類憐みの令
徳川吉宗 （とくがわよしむね）	享保の改革 ・上げ米の制・目安箱の設置 ・公事方御定書
田沼意次 （たぬまおきつぐ）	株仲間結成の奨励 新田開発
松平定信 （まつだいらさだのぶ）	寛政の改革 ・米の備蓄 ・昌平坂学問所の設置
水野忠邦 （みずのただくに）	天保の改革 ・株仲間の解散

❸ Aは武家地が多いことから幕府のあった江戸，Bは公家地があることから朝廷のあった京都，Cは町人地が多いことから商業の中心であった大阪である。

第4章 | 近代日本の形成

1 欧米諸国の発展とアジア進出

STEP 1 要点チェック

テストの 要点 を書いて確認　　　　本冊 P.56

①名誉革命（めいよ）　②人権宣言（じんけん）　③アヘン戦争
④インド大反乱　⑤南北戦争（なんぼく）　⑥ロック
⑦モンテスキュー　　⑧ルソー

STEP 2 基本問題　　　　本冊 P.57

1 (1)ア　　(2)ウ
2 ①オ　　②エ　　③ウ　　④ア　　⑤イ
3 (1)イギリス　　(2)インド

解 説

1 (1) 資料は，1789年に始まった，**フランス革命**で発表された**人権宣言**である。自由・平等・人民主権などを主張し，近代の人権確立の基礎となった。**イ**の独立宣言は，本国のイギリスから独立しようとしたアメリカ大陸の植民地の人々が独立戦争を起こし，1776年に出した宣言。**ウ**の**権利章典**〔権利の章典〕は，イギリスで17世紀後半に起こった名誉革命で出されたものであり，これによって立憲君主制と議会政治が確立した。

革命	内容
ピューリタン革命	共和制が実現。
名誉革命	権利章典〔権利の章典〕を制定。
フランス革命	人権宣言を発表。

2 **産業革命**によって，利益を求めて自由に競争するようになった。そして資本をもつ**資本家**が，経営者として賃金をあたえて**労働者**をやとうしくみができた。ものが豊かになって生活が便利にはなったが，貧富の差や労働災害，児童労働，衛生面などのさまざまな問題が生まれた。これに対して労働者は**労働組合**をつくって環境の改善を求め，資本主義を批判する**社会主義**の考えも広まった。

3 (1) **アヘン戦争**が起こる以前に，イギリスと清〔中国〕，インドは**三角貿易**を行っていた。その貿易で，清が密輸されていたアヘンを厳しく取りしまったため，イギリスは1840年に清に軍艦を送り，アヘン戦争が起こった。この戦いに勝利したイギリスは，1842年，清と**南京条約**を結び，香港を手に入れて賠償金を支払うよう命じた。
(2) 1857年に反乱が起こったのは，イギリスの支配が広がり，その安い綿製品が国内に出回り，伝統的な綿産業が大きな打撃を受けていたインドである。これを**インド大反乱**という。しかし，この反乱はイギリスに鎮圧された。その後，ムガル帝国の皇帝は退位させられ，イギリス国王が皇帝となり，インドを植民地支配した。

1 (1) エ　　(2) ア　　(3) 権利章典〔権利の章典〕

(4) ①イギリス　　②イ　　(5) ①人権宣言

② (例) 革命が広がるのをおそれたため。

(6) リンカン〔リンカーン〕

2 (1) 産業革命　　(2) アA　　イB　　ウA　　エB

3 (1) イ　　(2) 南京条約　　(3) 太平天国
（たいへいてんごく）

(4) エ

解説

1 ┌─ミス注意！─────────────

(1) アは**フランス革命**，イは**アメリカの独立戦争**，
ウは**南北戦争**，エは**ピューリタン革命**である。

└───────────────────

(2) **イギリス**では，17世紀半ばに国王が議会を無視し
て専制を続けようとしたため，**クロムウェル**の指導に
よって**ピューリタン革命**が起こり，共和制が実現した。
しかしこの体制は長く続かず，王政が復活した。その
後1688年に**名誉革命**が起こり，翌年に権利章典
〔権利の章典〕が出され，**立憲君主制**と議会政治が確
立した。

(4) ①北アメリカの植民地13州が，本国イギリスが課
す税などに不満をもち，独立を求めて1776年に独立宣
言を出した。

▼アメリカ合衆国の独立

(2) ②アのルソーは**社会契約説**と人民主権を主張。イの
ロックは社会契約説と抵抗権を主張。ウのモンテス
キューは**三権分立**を主張。エのワシントンはアメリカ
合衆国の初代大統領。

人物	主張
ロック	社会契約説と抵抗権を唱えた。
モンテスキュー	法の精神と三権分立を説いた。
ルソー	社会契約説と人民主権を主張した。

(5) ②フランス革命のあと，革命の広がりをおそれて，
各国がフランスに干渉した。これは，ヨーロッパ諸国
は陸続きになっているため，革命が一気に広がること
を不安に思ったためである。

(6) **南北戦争**の戦地のゲティスバーグで行われた演説
での「人民の，人民による，人民のための政治」とい
う言葉が有名。

2 (2) **資本主義**に関係のあるのは**ア・ウ**，社会主義に関

係のあるのは**イ・エ**。アは利益を求めて，たがいが自
由に競争するという，産業革命によって生まれた資本
主義社会について述べている。**ウ**は，生産のもとにな
る資本をもつ資本家が，賃金をもらって働く労働者を
やとって生産を行う資本主義のしくみについて述べて
いる。**イ**や**エ**は社会主義の考え方について述べている。

3 (1) **三角貿易**では，イギリスは工業製品をインドに輸
出し，インドで栽培した麻薬である**アヘン**を清〔中国〕
に密輸して売りさばき，茶などを買った。

(2) **アヘン戦争**のあとにイギリスが清と結んだ条約
は，**南京条約**である。この条約によってイギリスは清
に上海など5港を開港させ，香港を手に入れた。

(3) **アヘン戦争**のあと，清はイギリスに賠償金を払う
ため，農民に重税を課した。これに反発した洪秀全を
中心とする人々は，**太平天国の乱**を起こした。この混
乱の中でイギリスとフランスは清を攻め，首都北京を
占領した。

(4) 1857年に起こった**インド大反乱**は各地に広まった
が，イギリスに鎮圧された。イギリスはインドの皇帝
を退位させ，イギリス国王を皇帝に立てて，インドの
植民地支配を進めた。

▼イギリスのインド支配

---

2 開国と江戸幕府の滅亡

テストの**要点**を書いて確認　　　　本冊 P.60

①ペリー　　②日米和親条約　　③日米修好通商条約
（にちべいわしんじょうやく）（にちべいしゅうこうつうしょうじょうやく）
④領事裁判権〔治外法権〕　　⑤関税自主権
（りょうじさいばんけん）（ちがいほうけん）（かんぜいじしゅけん）
⑥大政奉還　　⑦王政復古の大号令
（たいせいほうかん）（おうせいふっこ）（だいごうれい）
⑧鳥羽　　⑨戊辰　　⑩函館〔五稜郭〕
（とば）（ぼしん）（はこだて）（ごりょうかく）

1 (1) ア

(2) ①日米修好通商条約　　②領事裁判権〔治外法権〕

2 (1) ①尊王攘夷　　②薩長　　③徳川慶喜
（そんのうじょうい）（さっちょう）（とくがわよしのぶ）

④大政奉還　　⑤王政復古　　⑥戊辰　　(2) ウ

1 (1)**イ**の**ザビエル**は16世紀の半ばに鹿児島に来航したイエズス会の宣教師である。**ウ**の**ラクスマン**は**ロシア**の使節。通商を求めて根室にやってきた。**エ**の**ワシントン**はアメリカ合衆国の初代大統領である。

条約	内容
日米和親条約	**下田**と**函館**を開港し，アメリカ船に食料や水，石炭などを供給。
日米修好通商条約	函館，神奈川（横浜），長崎，新潟，兵庫（神戸）を開港し，自由な貿易を認めた。**領事裁判権〔治外法権〕**を認め，関税自主権がなかった。

2 (1)開国後，日本では**尊王攘夷運動**が高まったが，欧米の軍事力を実感した。そのような状況の中，当初は幕府側でのちに開明論に転じた薩摩藩と，尊王攘夷運動を進めていた長州藩は**薩長同盟**を結んで倒幕への動きを固めた。倒幕運動の中で第15代将軍**徳川慶喜**は，**大政奉還**を行い朝廷に政権を返した。これを受けて倒幕勢力が朝廷を動かして**王政復古の大号令**を出し，慶喜に官職や領地の返上を命じた。これに不満をもった旧幕府軍と新政府軍の戦いを**戊辰戦争**という。

(2)**ア**の**水野忠邦**は，**天保の改革**で，倹約令を出して，株仲間の解散を命じた人物である。**イ**の**吉田松陰**は，安政の大獄で処刑された長州藩士。**松下村塾**で尊王攘夷を説き，高杉晋作など幕末に活躍する人材を育てた。

STEP 3　得点アップ問題　　本冊 P.62

1 (1)①ペリー　　②日米和親　　③日米修好通商
(2)（例）領事裁判権〔治外法権〕を認め，関税自主権がなかったから。
(3)ア　　(4)ア　　(5)エ　　(6)ウ・エ（順不同）

2 (1)エ　　(2)①ア　　②エ　　(3)ウ
(4)王政復古の大号令　　(5)エ　　(6)ウ

---

1 (1)4隻の軍艦を率いて，浦賀（神奈川県）に来航し，日本に開国を要求した。アメリカは，清との貿易船や捕鯨船の中継地として日本を選んだ。

②③1854年に締結したのは日米和親条約で，1858年に締結したのは日米修好通商条約である。

▼条約締結により開港した港

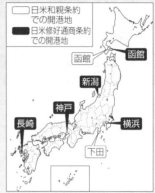

(4)ドイツが統一をはたしたのは1871年で，このころはまだアジアに目を向ける余裕はなかった。
(5)開国後の欧米との貿易では，毛織物・綿織物・武器・艦船などを輸入し，生糸・茶などを輸出した。おもな貿易相手は**イギリス**で，最大の貿易港は横浜であった。

▼開国後の貿易のようす

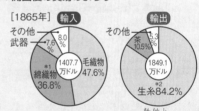

*1　綿糸をふくむ　*2　まゆ，蚕卵紙をふくむ
（「日本経済史3　開港と維新」）

(6)貿易によって，生糸が大量に輸出され，値上がりした。さらに安い外国からの綿織物や綿糸が輸入されたことから，国内の生産地は打撃を受けた。また，外国との金銀交換比率の違いにより，日本の金が大量に国外へ流出した。これを受けて幕府は貨幣改鋳を行ったため，物価が上昇して人々の生活は苦しくなった。

2 (1)**戊辰戦争**は1868年に鳥羽・伏見（京都市）で始まり，江戸城の無血開城をはさんで，函館で新政府軍が旧幕府軍を降伏させて終結した。
(2)①**イ**の**渡辺崋山**は19世紀前半に起こった蛮社の獄で処刑された蘭学者。**ウ**の**田沼意次**は18世紀後半に幕府の財政を立て直そうとした人物。**エ**の**松平定信**は田沼のあとに寛政の改革を行った人物。
②「尊王攘夷」とは，「王（天皇）を尊び，夷（外敵）を攘う」という意味である。
(3)薩長同盟の代表人物は，長州藩では**木戸孝允**，薩

摩藩では**西郷隆盛**であった。また，この同盟を仲立ちした中心人物は，**坂本龍馬**である。

(5)アの**徳川家康**は関ヶ原の戦いで石田三成らを破って幕府を開いた江戸幕府初代将軍。イの**徳川家光**は第3代将軍で**参勤交代**を制度化し，鎖国体制を固めた人物。ウの徳川吉宗は第8代将軍で**享保の改革**を行った人物。

(6) Aは1868年1月，Bは1860年，Cは1866年，Dは1867年12月，Eは1867年10月のできごとである。

---

3 明治維新

STEP 1 要点チェック

テストの**要点**を書いて確認
本冊 P.64

①五箇条の御誓文　②版籍奉還　③廃藩置県
④徴兵令　⑤地租改正　⑥大日本帝国憲法

STEP 2 基本問題
本冊 P.65

1 (1) 五箇条の御誓文　(2) 版籍奉還
(3) イ　(4) イ

2 (1) A西南戦争　B大日本帝国
(2) 自由民権運動　(3) ア

解説

1 (1)1868年3月に，外国の文化をとり入れ，国を発展させることや，世論を大事にして政治を進めることなどを，**明治天皇が神にちかうという形**で，五箇条の御誓文として定めた。

(2)1869年に，新政府は**版籍奉還**を行い，諸大名から土地（版）と人民（籍）を政府に返させた。しかし，元の藩主が藩の政治を行ったため，改革の効果はうすかった。

(3) 政府は，それまでの**武士**にかわって，1873年の**徴兵令**で集めた国民による近代的な装備をもつ軍隊をつくることで「強兵」をめざした。**ア**の学制は，1872年に公布された，学校制度を定めたもの。**ウ**の解放令は，1871年に出された，えたやひにんなどのよび名を廃止し，平民と同じあつかいにすると布告したもの。**エ**の教育勅語は，1890年に出された忠君愛国の道徳が示されたもの。

(4)岩倉使節団は，幕末に結んだ不平等条約の改正を重点的な目標としたが，その改正交渉が失敗すると，政治や産業などを視察して，日本の国力を充実させる必要があると感じた。使節団は，**全権大使の岩倉具視**に加え，副使に木戸孝允や大久保利通など，政府の有力者が多数参加した。

2 (1) A1877年，鹿児島の士族らは，**西郷隆盛を中心に西南戦争を起こした**が，近代的装備の政府軍に敗れた。西南戦争は，最後の武力による士族の反乱となった。**B1889年に発布**されたのは大日本帝国憲法である。大日本帝国憲法は，君主の権力が強かったドイツ〔プ

〔ロイセン〕の憲法を参考に，伊藤博文が中心となって草案を作成した。

(2) 西南戦争後，言論による政府批判が中心となり，国民の政治参加の権利をめざす**自由民権運動**が全国に広まった。

(3) **自由党**は板垣退助を党首として1881年に結成された。

STEP 3 得点アップ問題
本冊 P.66

1 (1) ウ
(2) (例) 土地の**所有者**と土地の価格〔地価〕を定めて**地券**を発行し，所有者に地価の3％の税〔地租〕を現金で納めさせた。
(3) ウ　(4) イ　(5) 福沢諭吉　(6) エ

2 (1) イ
(2) ① (例) **10年後に国会を開くこと**　②ウ
(3) ①伊藤博文　②エ
(4) ①イ　②教育勅語　(5) ウ

解説

1 (1)**五箇条の御誓文**は，**天皇が神にちかう**という形で定められた。

(2)**地租改正**によって，全国で土地にかかる税金が統一されたため政府の財政は安定した。しかし，税の負担はほとんど変わらず，各地で地租改正反対の一揆が起こった。これをうけて政府は地租を地価の3％から2.5％に引き下げた。

(3)岩倉使節団には，全権大使の**岩倉具視**のほか，**木戸孝允**や**大久保利通**，**伊藤博文**など政府の有力者や，後に女子教育の発展に尽力した津田梅子などの女子留学生も同行した。**ウ**の大隈重信は，立憲改進党を結成した人物である。

(4)**ア**の屯田兵が開発したのは**北海道**である。**ウ**の東京と神戸は飛行機ではなく鉄道で結ばれた。

(5)**福沢諭吉**は，『**学問のすゝめ**』によって，人間の平等や民主主義をわかりやすく説いた。「天は人の上に人をつくらず，人の下に人をつくらず」という一節は有名である。

(6)**ア**について，**日朝修好条規**は朝鮮にとって不利な内容のものであった。**イ**について，征韓論を主張したのは**西郷隆盛や板垣退助**たちである。**ウ**について，**江華島事件**をきっかけに結んだのは日朝修好条規である。

▼明治初期の日本と朝鮮

2 (1) 西南戦争は，西郷隆盛を中心に鹿児島の士族らが起こした反乱である。

(2) ①10年後に国会を開設すること(**国会開設の勅諭**)についてふれてあればよい。

> **ミス注意!**
> ②**自由党**…板垣退助を党首として1881年に結成。
> **立憲改進党**…大隈重信を党首として1882年に結成。

(3) ①②**伊藤博文**は，1882年にヨーロッパに留学し，憲法の調査を行った。伊藤博文は君主権の強い**ドイツ〔プロイセン〕**の憲法が天皇制を中心とする日本の見本になると考え，帰国後，憲法の草案を作成した。また，1885年に**内閣制度**をつくり，**初代内閣総理大臣**に就任した。

(4) ①**大日本帝国憲法**は，1889年2月11日に，天皇が国民にさずけるという形で発布された。**主権者は天皇**で，軍隊の統帥権や外国と条約を結ぶ権利などはすべて天皇がもっていた。国民の権利は法律で制限されるとされ，議会を構成する貴族院は天皇の任命などによって選ばれた。

▼大日本帝国憲法(一部)

第1条　大日本帝国ハ万世一系ノ天皇之ヲ統治ス
第3条　天皇ハ神聖ニシテ侵スヘカラス
第4条　天皇ハ国ノ元首ニシテ統治権ヲ総攬シ此ノ憲法ノ条規ニ依リ之ヲ行フ
第11条　天皇ハ陸海軍ヲ統帥ス
第29条　日本臣民ハ法律ノ範囲内ニ於テ言論著作印行集会及結社ノ自由ヲ有ス

②憲法発布の翌年，**教育勅語**が出され，教育の柱とされた。天皇に忠誠をちかい，国を愛するという忠君愛国の精神が強調され，学校教育の基本理念とされるとともに，国民道徳のよりどころとなった。

(5) 衆議院議員の選挙権があたえられたのは，**直接国税を15円以上を納める満25歳以上の男子**のみであったため，全人口の約1.1%にすぎなかった。

---

4 日清・日露戦争

STEP 1 要点チェック

テストの **要点** を書いて確認　　　　　本冊 P.68

①甲午農民　②義和団　③下関　④ポーツマス
⑤遼東　⑥鉄道　⑦三国干渉
⑧日比谷焼き打ち事件

STEP 2 基本問題　　　　　本冊 P.69

1 (1) ア　(2) 下関条約　(3) ウ
2 ①日露　②アメリカ　③ポーツマス
　　④韓国　⑤孫文　⑥中華民国

> **解説**

1 (1) 日清戦争は，1894年に朝鮮で起きた**甲午農民戦争**をきっかけとして起こった。東学という民間宗教を信仰する人々が蜂起し，朝鮮政府が清に出兵を要請したところ，日本も対抗して同時に出兵し**日清戦争**が始まった。

(2) 日清戦争で日本が勝利し，翌年，山口県の下関で講和条約が結ばれた。この結果，清は朝鮮の独立を認め，日本に**遼東半島**などをゆずり，多額の賠償金を支払うこととなった。

(3) **三国干渉**を行ったのは，**ロシア・フランス・ドイツ**である。

2 ①三国干渉によってロシアへの反感が高まっていた日本は，中国での**義和団事件**をきっかけに1904年ロシアと戦争(**日露戦争**)を起こした。

②ロシアとの戦争で疲弊し，戦争の継続が難しくなった日本は，**アメリカ**のルーズベルト大統領に仲介を依頼した。

③日露戦争の講和条約は，アメリカの**ポーツマス**で結ばれた。

⑤中国では，清政府をたおし，近代国家を建設しようという革命運動が起こった。この運動が広がり，**辛亥革命**が起きた。その中心となったのは三民主義を唱えた**孫文**である。

⑥孫文を臨時大総統とする，アジアで最初の共和国の**中華民国**が建国されたのは，辛亥革命が始まった翌年のことである。

STEP 3 得点アップ問題　　　　　本冊 P.70

1 (1) エ　(2) ①ア　②小村寿太郎
　(3) 下関　(4) ①イ　②イ
2 (1) 義和団
　(2) (例)ロシアの南下をふせぐため。　(3) ア
　(4) エ　(5) エ　(6) 清
　(7) ①中華民国　②ウ

1 (1) 1858年に結ばれた日米修好通商条約のあと，日本は他国とも不平等条約を結んだ。1886年に起こった**ノルマントン号事件**で，ノルマントン号のイギリス人船長がイギリス領事によって軽い罪しかあたえられなかったことから条約改正を求める世論が高まった。**エ**はイギリス人ではなくフランス人になっているので，誤り。

(2)①1894年の日清戦争の直前に，外務大臣であった**陸奥宗光**がイギリスとのあいだで，**領事裁判権〔治外法権〕**の撤廃に成功し，ほかの諸国とも改正が実現した。

②1911年には，**小村寿太郎**がアメリカとのあいだで**関税自主権**の完全回復に成功した。

人物	条約改正内容
陸奥宗光	1894年に**領事裁判権**の撤廃に成功。
小村寿太郎	1911年に**関税自主権**を完全に回復。

(3) 日清戦争の講和条約は，1895年に結ばれた**下関条約**である。

下関条約の内容
・清は朝鮮の独立を認める。
・遼東半島・台湾・澎湖諸島を日本へゆずりわたす。
・多額の賠償金を日本に支払う。

(4)①**三国干渉**を行ったのは，**ロシア・フランス・ドイツ**である。**ア**はロシアについて，**イ**はイギリスについて，**ウ**はフランスについて，**エ**はドイツについての記述である。

②朝鮮半島の西に位置する半島が遼東半島である。

遼東半島
山東半島
シャントン
朝鮮半島
台湾

2 (1) 中国では1899年に**義和団**が蜂起し，外国勢力を排除しようとする運動がさかんになった。1900年，義和団は北京にある各国の公使館を包囲したが，日本を中心とする連合軍に鎮圧された（**義和団事件**）。

(2)満州や朝鮮への南下をめざすロシアと，朝鮮への勢力拡大をめざす日本が対立し，イギリスはロシアの南下をふせぐために，1902年に日本と同盟を結んだ。これを**日英同盟**という。

日英同盟の内容
・イギリスと日本は清での利権をそれぞれ認め合い，イギリスは韓国における日本の権益を認める。
・日英どちらかが他の1国と戦う場合，一方は中立を保つ。
・2国以上と戦う場合，共同して戦う。

(3) 資料の歌は，**与謝野晶子**の『**君死にたまふことなかれ**』である。日露戦争に出兵した弟を思って書かれた。**イ**の幸徳秋水は社会主義者，**ウ**の夏目漱石は『吾輩は猫である』，『坊っちゃん』などの小説を書き，**エ**の内村鑑三はキリスト教徒の立場で日露戦争に反対した人物である。

(4) **ア**について，日露戦争後の仲介をしたのは，**アメリカ**のルーズベルト大統領である。**イ**について，ポーツマス条約によって日本は旅順や大連の租借権を得た。**ウ**は樺太・千島交換条約（1875年）の内容である。

(5)**エ**について，韓国統監府の初代統監となったのは，**伊藤博文**である。伊藤博文は1909年に満州のハルビン駅で暗殺された。

(7)①②1911年に起こった辛亥革命の中心となったのは，「民族の独立（民族），政治的な民主化（民権），民衆の生活の安定（民生）」の三つからなる**三民主義**を唱えた**孫文**であった。辛亥革命によって，多くの省が独立を宣言し，孫文を臨時大総統とする**中華民国**が建国された。**ア**はガンディーが唱えた。**イ**は義和団，**エ**は太平天国のスローガンである。

5 日本の産業革命と近代文化

STEP 1 要点チェック

テストの**要点**を書いて確認　　本冊 P.72

①産業革命　②財閥　③6　④大逆事件
⑤横山大観　⑥黒田清輝
⑦夏目漱石　⑧樋口一葉

STEP 2 基本問題　　本冊 P.73

1 (1)ウ　(2)ウ　(3)財閥　(4)ア
2 ①ウ　②カ　③キ　④ケ　⑤イ
　　⑥ア　⑦オ

解説

1 (1) 日本の**産業革命**は軽工業から始まった。紡績業では全国に大工場が次々につくられ，国産の綿糸の量が輸入品を上回って，日清戦争のあとには中国への輸出も増えた。また同じ軽工業の製糸業も発展し，おもにアメリカに輸出していた。

▼生糸の生産と輸出

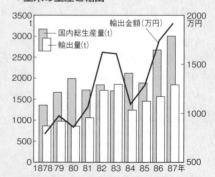

国内総生産量(t)
輸出量(t)
輸出金額(万円)

（2）動力源としての石炭は，九州北部の**筑豊炭田**や北海道で採掘された。

（3）三井・三菱・住友・安田などの**財閥**はやがて政府や政党と結びつき，政治に大きな影響力をもつようになった。

（4）**大逆事件**とは，天皇の暗殺を計画したとして，社会主義者である幸徳秋水などが逮捕・処刑された事件。**イ**の田中正造は足尾銅山鉱毒問題を追及した人物。**ウ**の与謝野晶子は日露戦争に対して反戦の詩を発表した人物。

2 ①**岡倉天心**はフェノロサとともに東京美術学校を設立し，日本画の復興に力をつくした。

②**横山大観**は『**無我**』などの作品をえがき，新しい日本画の創造をめざした。

③**黒田清輝**は，フランスで印象派の明るい画風を学んだ。

④それまでの文語による表現にかわって，話し言葉である口語で文章を書くことを**言文一致**といい，**二葉亭四迷**が小説で使用したのがきっかけとなって広まった。

⑤**樋口一葉**や，『**みだれ髪**』を書いた**与謝野晶子**など，女性の文学者も活躍した。

⑥**夏目漱石**は，『**吾輩は猫である**』や『**草枕**』などの作品をあらわした。

⑦破傷風の研究を行った**北里柴三郎**のほかにも，黄熱病の研究を行った**野口英世**や赤痢菌を発見した**志賀潔**など，優れた科学者が多くあらわれた。

	人物	内容
芸術	滝廉太郎	『荒城の月』『花』
	高村光雲	『老猿』
自然科学	北里柴三郎	破傷風の血清療法を発見
	志賀潔	赤痢菌を発見
	野口英世	黄熱病の病原体を研究
	長岡半太郎	原子模型の研究
文学	与謝野晶子	『みだれ髪』
	樋口一葉	『たけくらべ』
	夏目漱石	『坊っちゃん』『吾輩は猫である』
	森鷗外	『舞姫』

STEP 3　得点アップ問題　　　本冊 P.74

1 （1）ウ　　（2）日清　　（3）ア
（4）（例）さまざまな業種に進出し，日本経済に大きな支配力をもつようになった独占的な企業体。
（5）大逆事件　　（6）①ウ　②田中正造　　（7）ウ

2 （1）Aイ　Bア　Cエ　Dウ　Eオ　　（2）エ
（3）ア　　（4）イ　　（5）野口英世

3 （1）イ　　（2）エ

解説

1 （1）軽工業とあるので，紡績業や製糸業などを示している。したがって，**ウ**の三池炭鉱は石炭を採掘する場所であったことから，誤りである。

（2）（3）**八幡製鉄所**は，日清戦争で得た賠償金をもとに，現在の**福岡県北九州市**につくられた，官営の製鉄所。

（4）**財閥**は政府と深く結びつき，金融や貿易，製造業などのさまざまな分野に進出して，日本の経済を支配するようになった。

（5）**資本主義**の発展による労働者の増加や労働組合の結成によって，労働運動が活発化し，**社会主義**が広がった。1901年には**幸徳秋水**らによって日本最初の社会主義政党である社会民主党が結成された。しかし，すぐに解散させられた。

（6）**足尾銅山**は，栃木県の渡良瀬川流域にあった。栃木県出身の**田中正造**は，議会で政府を追及し，銅山の操業停止などを求めた。

（7）**小作人**は土地をもたず，地主から土地を借りて耕作している農民をさす。小作人の中には，生活が苦しく自分の子どもを工場へ働きに出す人や移民として海外にわたる人がいた。

▼鉱毒の被害地域

2 （1）明治時代には文学や美術だけでなく，優れた科学者も多くあらわれた。

人物	分野	内容
北里柴三郎	医学	破傷風の血清療法を発見
志賀潔	医学	赤痢菌を発見
野口英世	医学	黄熱病の病原体を研究
木村栄	天文学	緯度の研究
高峰譲吉	薬学	アドレナリンの抽出
鈴木梅太郎	薬学	ビタミンB$_1$の抽出
大森房吉	地震学	地震計の発明
長岡半太郎	物理学	原子構造の研究

（3）「日本画で活躍した」人物であることに注意する。**イ**の**高村光雲**は，明治時代に活躍した彫刻家。**ウ**の**滝廉太郎**は，明治時代に『**荒城の月**』や『**花**』などを作曲して洋楽の道を開いた人物。**エ**の**葛飾北斎**は，江戸時代に『**富嶽三十六景**』という風景画をえがいた人物。
（4）**イ**の**松尾芭蕉**は，江戸時代に俳諧〔俳句〕で多くの作品を残した人物であることから，誤りである。
アの**森鷗外**は『**舞姫**』など，**ウ**の**与謝野晶子**は『みだ

れ髪』を，エの小泉八雲は『怪談』などを書いた人物。

3 (1) 義務教育は1907年から6年となり，女子の教育も重視されるようになった。

(2)**ア**は，グラフを見ると男子の就学率が女子より低い時期がないことから，誤りである。**イ**は，男子の就学率が80%を超えたのは，1895年あたりであり，女子の就学率が80%を超えたのは，1900年あたりであることから，誤りである。**ウ**は，1880年あたりの全体の就学率は40%程度であることから，誤りである。

定期テスト予想問題

❶ (1) エ　　(2) ウ　　(3) 富国強兵

(4) イ→ウ→ア→エ

(5) (例) 直接国税を15円以上納める満25歳以上の男子。

(6) ア　　(7) イ　　(8) ①う　②あ

❷ (1) イ　　(2) ①エ　②領事裁判権〔治外法権〕

❸ (1) Ⅰ C　　Ⅱ A

(2) カ

解説

❶ (1) **A**は日米和親条約による。1853年に来航して日本に開国を要求し，翌年再来日したアメリカ東インド艦隊司令長官**ペリー**との間に結ばれた。

(2) **ウ**は外国との交際を深め，国を発展させることを述べている。**ア**，**イ**，**エ**は大日本帝国憲法の条文。

> **ミス注意！**
> (3) ・**富国強兵**…国を富ませ，強い軍隊をもつ。
> ・**殖産興業**…近代産業の育成。

(4) **ア**は1885年，**イ**は1874年，**ウ**は1881年，**エ**は1889年。

(5) 第一回の総選挙で選挙権があたえられたのは，総人口の1.1%にすぎなかった。

(6) 三国干渉の三国とは，**ロシア，フランス，ドイツ**のこと。この3か国が日本に下関条約で清から得た遼東半島を返還するように求めた。**ア**の**フランス革命**は1789年からフランスで始まった。**イ**の**名誉革命**はイギリス，**ウ**の**独立戦争**・**エ**の**南北戦争**はアメリカのできごと。

(7) **夏目漱石**には，ほかに『吾輩は猫である』『草枕』などの作品がある。**ア**の**森鷗外**は『舞姫』，**ウ**の**与謝野晶子**は『君死にたまふことなかれ』という詩を，**エ**の**樋口一葉**は『たけくらべ』を書いた。

(8) ①**日英同盟**が結ばれたのは，1902年のできごとである。

②**桜田門外の変**で，井伊直弼が暗殺されたのは，1860年のできごとである。

❷ (1) **秩父事件**は，1884年に埼玉県秩父で自由党員や農民が起こした騒動である。**ア**は足尾銅山，**イ**は秩父，**ウ**は横浜，**エ**は下田をさしている。

(2) ①内閣制度を創設し，初代の内閣総理大臣となったのは，**エ**の**伊藤博文**。伊藤博文は，君主の権力の強いドイツ〔プロイセン〕の憲法を学んで，大日本帝国憲法の草案を作成した。**ア**の**原敬**は1918年に最初の本格的な政党内閣が成立したときの首相。**イ**の**犬養毅**は1932年の**五・一五事件**で暗殺された首相。**ウ**の**吉田茂**は，第二次世界大戦後の1951年にサンフランシスコ平和条約を結んだときの首相。

②1858年に結ばれた日米修好通商条約は，**領事裁判権〔治外法権〕**を認め，**関税自主権がない**など，不平等なものであり，ほぼ同様の通商条約をイギリス・フランス・ロシア・オランダとも結んだ。領事裁判権〔治外法権〕は1894年に外相の**陸奥宗光**により撤廃された。

❸ (1) Ⅰは井伊直弼が開国を進めたために起こったことから**C**，Ⅱは外国船が日本近海にあらわれるようになったために発令されたことから**A**である。

(2) 開国直後に主な輸出品であり，そのあとも輸出品の第1位である**C**は生糸，開国後に紡績業が発達し，輸入品から輸出品へと変化した**A**は綿糸である。

1 第一次世界大戦と日本

STEP 1 要点チェック

テストの要点を書いて確認
本冊 P.78

①護憲運動　②第一次世界大戦
③政党内閣　④普通選挙法
⑤三国協商　⑥三国同盟

STEP 2 基本問題
本冊 P.79

1 (1) Aイ　Bア　(2) ウ　(3) 国際連盟
2 (1) 護憲運動　(2) エ　(3) 原敬　(4) 25

解説

1 **ミス注意！**

(1) **三国同盟**はドイツ・オーストリア・イタリアの間で結ばれ，**三国協商**はイギリス・ロシア・フランス の間で結ばれた。この２つの対立が，第一次世界大戦を引き起こすことになった。

▼三国協商と三国同盟

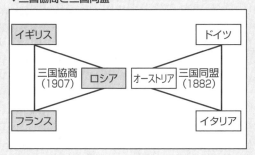

(2) 1914年にオーストリアの皇太子夫妻が，サラエボでセルビア人の青年に暗殺された。このことでオーストリアはセルビアに宣戦布告し，ドイツ，オーストリア，トルコを中心とする同盟国側と，イギリス，ロシア，フランスを中心とする連合国側に分かれて**第一次世界大戦**が始まった。なお，イタリアはオーストリアとの関係悪化により，連合国側で参戦した。

(3) 国際連盟は，民族自決の原則を唱えていた**アメリカのウィルソン大統領**が提案。1920年に誕生した。しかしアメリカは国内の反対にあって加盟できなかった。

2 (1) 1912年に起こった**第一次護憲運動**とは，大日本帝国憲法にもとづき，議会中心の政治を行うことを求めた運動。

(2) **吉野作造**が主張した**民本主義**は，普通選挙制を求める動きに大きな影響をあたえた。

(3) **原敬**を首相とする政党内閣は，陸軍・海軍・外務の３大臣以外はすべて**立憲政友会**の党員で組織されていた。また，それまでは華族出身の首相であったが，原敬は華族でも藩閥でもなかったので，「平民宰相」とよばれた。

(4) 1925年に制定された普通選挙法によって，有権者

は約４倍に増えた。

STEP 3 得点アップ問題
本冊 P.80

1 (1) A三国同盟　B三国協商　(2) バルカン半島
(3) ソビエト社会主義共和国連邦〔ソ連〕
(4) ワイマール憲法
(5) ①国際連盟　②ウィルソン　③民族自決
(6) 二十一か条の要求
(7) ①中国：五・四運動　朝鮮：三・一独立運動
　②ガンディー
2 (1) ①イ　②ア　③ウ　(2) ア　(3) エ
(4) (例) 陸軍，海軍，外務の３大臣以外の大臣が，すべて立憲政友会の党員で組織されている内閣。
(5) ア　(6) ①満25歳以上　②治安維持法
(7) ウ

解説

1 (2) バルカン半島は，オスマン帝国の支配が弱まっており，民族の対立などをめぐり，ロシアやオーストリアが勢力をのばそうとして争いが絶えなかった。そのため，「ヨーロッパの火薬庫」とよばれた。

(3) ロシアでは，レーニンの指導のもと，世界で最初の社会主義を唱える政府ができた。これを**ロシア革命**という。その後社会主義運動の影響をおそれた資本主義国によって軍事力で干渉されたが，1922年にソビエト社会主義共和国連邦〔ソ連〕が成立した。ソ連はレーニンのあとに指導者になったスターリンによって，重工業中心の工業化と農業の集団化を進めた**五か年計画**が行われ，発展した。

(4) 1919年にドイツで制定された**ワイマール憲法**では，国民主権や，満20歳以上の男女の普通選挙権，団結権などが定められた。

(5) ③アメリカの**ウィルソン大統領**が唱えた**民族自決**にもとづいて，フィンランド・エストニア・ラトビア・リトアニア・ポーランド・チェコスロバキア・ハンガリー・ユーゴスラビアなどのヨーロッパの国々が独立した。

▼第一次世界大戦後のヨーロッパ

（6）1915年に日本が中国に出した**二十一か条の要求**には，ドイツがもつ山東省の権益の継承や旅順・大連の租借期間の延長，満州での権益の拡大などを求めた内容がふくまれていた。日本はこれを中国に強引に認めさせた。

ミス注意！

（7）①日本が出した二十一か条の要求に反発して中国で起こった運動が，**五・四運動**。日本からの独立を求めて朝鮮で起こった運動が，**三・一独立運動**である。

②インドでは，第一次世界大戦に協力すれば自治を認めるとした約束をイギリスが守らなかったため，**ガンディー**の指導によって暴力手段はとらないが，支配には従わない独立運動が進められた。

2 （1）1912年に桂太郎が内閣を組閣すると，議会中心の政治を求める護憲運動が起こった。この運動の支えとなったのは，**吉野作造**の説いた**民本主義**である。

（2）**イ**は第一次世界大戦中に，欧米からの輸入がとだえたことから日本の重化学工業が発展したので，誤りである。**ウ**は，日本の産業革命が初めて起こったのは，1880年代後半の軽工業の発展からであることから，誤りである。

（3）**米騒動**は，**シベリア出兵**を見こした米の買い占めにより，米の価格が急騰したため米の安売りを求めて起こった運動である。

（5）部落差別に苦しんでいた被差別部落の人々は，自分たちの力で差別からの解放をめざす運動を進め，1922年に京都で**全国水平社**が結成された。

（6）①普通選挙法（1925年）では，納税額の制限がなくなり，**満25歳以上**の男子に選挙権があたえられ，有権者の数が約4倍になった。

②普通選挙法を制定する一方で，共産主義運動の拡大をおさえるために，治安維持法を定めることによってバランスをとった。

（7）**ウ**の新橋と横浜の間で鉄道が開通したのは，1872年なので，年表の時代にはあてはまらない。

2 世界恐慌と日本の大陸進出

STEP 1 要点チェック

テストの**要点**を書いて確認　　　本冊 P.82

①世界恐慌　②満州事変　③五・一五
④二・二六　⑤日中戦争

STEP 2 基本問題　　　本冊 P.83

1 （1）イ　（2）ニューディール（政策）
（3）ファシズム
2 ①ウ　②イ　③ア　④エ　⑤オ

解説

1 （1）**A**はソ連があてはまる。ソ連は，以前から**スターリンによる五か年計画**を進めていたので，世界恐慌の影響をほとんど受けずに成長を続けた。**B**はドイツがあてはまる。ドイツでは，第一次世界大戦後に結ばれた**ベルサイユ条約**による多額の賠償金が大きな負担であり，国民は不満をもっていた。**ヒトラー**率いる**ナチス**は国民の不満をあおって支持を得て，ユダヤ人を迫害し，自由主義者や共産主義者を攻撃した。そして，世界恐慌の混乱の中，政権をにぎったナチスは民主主義を無視してほかの政党を解散させ，独裁を行った。

（2）**ルーズベルト大統領**によって行われた政策を**ニューディール〔新規まき直し〕**政策という。政府が積極的に公共事業を推進して失業者に仕事をあたえ，労働組合を保護するなどした。この政策によってアメリカの景気は少しずつ回復した。「カタカナで書きなさい」とあるので，ここでは「ニューディール（政策）」と答えることに注意する。

（3）民主主義や自由主義を否定し，個人の利益よりも国家や社会全体の利益を優先する**全体主義**の政治体制を**ファシズム**という。イタリアでは第一次世界大戦後に領土問題などをかかえ，国民が不満をもっていた。この不満をムッソリーニがあおり，1922年に政権をにぎって独裁を行った。また世界恐慌で経済が行きづまると，エチオピアを侵略して併合した。ファシズムはイタリアやドイツなどで広まり，やがて日本も大きく影響を受けることになった。

2 ①②③中国では，中国の統一を進めていた**国民政府**によって，日本がもつ満州の権益の回収を唱えるようになった。これを受けて現地の日本軍である**関東軍**は，満州を中国から分離させるために，**満州事変**を起こして**満州国**の建国を宣言した。しかし国際連盟が満州国を認めなかったため，日本は国際連盟を脱退し，その支配を強化した

STEP 3 得点アップ問題　　　本冊 P.84

1 （1）ニューヨーク　（2）①ウ　②ア
（3）ア　（4）エ　（5）イ
2 （1）①満州国　②ア　（2）イ　（3）国際連盟
（4）二・二六　（5）①ウ　②エ
（6）①（例）政府が議会の承認なしで，国民の労働力や物資などを戦争に動員できるようにした法律。
②ウ

解説

1 （1）1929年10月24日の木曜日に，アメリカの**ニューヨーク**の株式市場で株価が大暴落し，取りつけさわぎが起こり銀行や工場が倒産した。その結果失業者が町にあふれ，その混乱が世界中に広まった。これを**世界**

恐慌という。

(2)①**世界恐慌**のあと，アメリカで**ニューディール〔新規まき直し〕**政策を行った人物はルーズベルト大統領であることから，**ウ**が誤りである。

国名	対応
イギリス	ブロック経済
フランス	
アメリカ	ニューディール（政策）
ソ連	五か年計画

▼各国の失業率の推移

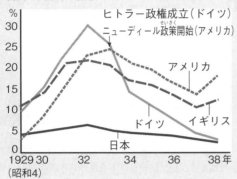

②ソ連は世界恐慌以前から**五か年計画**を推進していたので，世界恐慌の影響をほとんど受けることなく工業が発展した。よってグラフの**ア**があてはまる。**イ**は日本，**ウ**はフランス，**エ**はアメリカ。

(3)個人の利益よりも国家や社会全体の利益を優先する全体主義の政治体制を，**ファシズム**という。

(5)**ア**の**米騒動**が起こったのは，世界恐慌が起こる前の1918年のできごとであることから，誤りである。**ウ**は，日本経済が悪化する中，政治家たちは財閥と結びつき，汚職や政権争いをくり返していたことから，誤りである。**イ**の**労働争議**や**小作争議**は世界恐慌が起こった1929年以降増加し，特に小作争議は1935～1936年をピークに頻発した。

▼小作争議・労働争議の発生件数

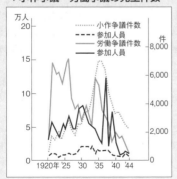

2 (1)**満州事変**をきっかけに軍事行動を開始した日本軍は，満州の主要部を占領し，1932年3月に**満州国**の建国を宣言した。元首を清の最後の皇帝である溥儀とし

た，実質は日本が支配していた。

(2)**イ**の**犬養毅**の内閣は，満州国の承認に反対した。これに反発した海軍の将校らによって，犬養毅は暗殺され，そのあとの斎藤実内閣は満州国を承認した。**ア**の**原敬**は1918年に最初の本格的な政党内閣が成立したときの首相。**ウ**の**大隈重信**は明治時代前半に起こった自由民権運動の中心人物で，立憲改進党を結成し，1898年と1914年に首相になった人物。**エ**の**桂太郎**は1912年に**第一次護憲運動**が起こるきっかけとなった，藩閥内閣の首相。

(4)1936年に起こった事件は，**二・二六事件**である。この事件は，陸軍の青年将校が，軍事政権の樹立を計画し，首相官邸などを襲撃した。計画は失敗したが，軍部が政治的発言力を強めるきっかけとなった。

(5)①満州を支配下に置いた日本は，さらに中国北部へ勢力を拡大していった。1937年に北京郊外の**盧溝橋**付近で日中両軍が衝突し，**日中戦争**が始まった。**ア**は1931年に起こった**満州事変**，**イ**は1936年に起こった**二・二六事件**，**エ**は1894年に起こった**日清戦争**について述べている。

②当時の中国は，国民政府の樹立以降，**蔣介石**率いる**国民党**と，**毛沢東**率いる共産党の内戦が続いていた。しかし日本の中国国内への侵入を受けて協力体制をとり，日本に対抗した。日中戦争で中国はアメリカやイギリスの支援を受けて戦っていたこともあり，戦争は長期化した。**ア**の太平天国の乱が起こったのは，アヘン戦争後の1851年。**イ**の五・四運動が起こったのは，第一次世界大戦後の1919年。**ウ**の辛亥革命が起こったのは1911年。中華民国が建国されたのは1912年。

▼日中戦争の広がり

(6)①**F**の**国家総動員法**は，日中戦争が長期化する中，戦時体制を強めるために制定された。この法律によって，国民の労働力や物資などを，政府が議会の承認なしで戦争に動員できるようになった。

②1938年に**国家総動員法**が成立し，1940年には，ほとんどの政党や政治団体が解散して，**大政翼賛会**に合流

した。**ア**の普通選挙法が成立したのは1925年，**イ**の大戦景気は第一次世界大戦のころに起きた。

3 第二次世界大戦と日本

STEP 1 要点チェック

テストの **要点** を書いて確認

本冊 P.86

①日独伊三国　②太平洋　③沖縄
④ポツダム　⑤原子爆弾〔原爆〕
⑥枢軸国　⑦連合国

STEP 2 基本問題

本冊 P.87

1 (1) ウ，エ（順不同）　(2) ア，ウ（順不同）
2 (1) ソビエト社会主義共和国連邦〔ソ連〕
　　(2) 大東亜共栄圏
　　(3) イ　　(4) 疎開〔集団疎開，学童疎開〕
　　(5) ポツダム宣言

解説

1 (1) 枢軸国は**ドイツ・イタリア・日本**，連合国は**イギリス・フランス・アメリカ・ソ連**などである。**ア**はイギリス，**イ**はフランス，**ウ**はイタリア，**エ**はドイツ，**オ**はソ連。
(2) **大西洋憲章**は，1941年8月にアメリカのルーズベルト大統領とイギリスのチャーチル首相が発表した。戦後の世界についての平和構想を示し，のちの国際連合憲章の基礎となった。**イ**の**ヒトラー**は，ドイツで**ナチス〔国民社会主義ドイツ労働者党〕**を率いた人物。**エ**の**ムッソリーニ**は，イタリアで**ファシスト党**を率いた人物。

2 (1) 1941年，日中戦争が長期化していた日本は，中国への援助を断ち切り，東南アジアの資源を得るために南方への進軍を始めた。そのためにソ連との中立条約によって北方の安全を確保する必要があった。
(2) **大東亜共栄圏**は，太平洋戦争中に唱えられた標語〔スローガン〕で，欧米の植民地支配から脱して，**日本を中心にアジア民族だけで栄えていこうとする考え方**である。
(3) 日本軍は開戦当初は勝利を重ね，東南アジア各地を占領したが，1942年6月の**ミッドウェー海戦**で敗北してからは，だんだんと不利な状況におちいっていった。
(4) 学校ごとに集団で地方に分散させた。
(5) 日本は8月14日に**ポツダム宣言**を受け入れ，無条件降伏した。

STEP 3 得点アップ問題

本冊 P.88

1 (1) イ　　(2) A ウ　B オ　C エ　D イ
　　E ア　　(3) ユダヤ　　(4) 日独伊三国同盟

(5) ① エ　　② アンネ・フランク
(6) レジスタンス
2 (1) イ
(2) （例）北方の安全を確保して，東南アジアを**南進**するため。
3 (1) ドイツ　　(2) エ　　(3) 沖縄　　(4) ア
(5) オ，カ（順不同）　　(6) エ

解説

1 (1) ヒトラーは，**ナチス〔国民社会主義ドイツ労働者党〕**を率いた人物。**世界恐慌**による不況で，ナチスは勢力をのばし，ヒトラーは1933年に首相となった。**ア**の**ムッソリーニ**はイタリアの政治家。**ウ**の**ルーズベルト**はアメリカ大統領。**エ**の**ウィルソン**もアメリカ大統領で，国際連盟の設立に貢献した。
(2) Aは**日独伊三国**同盟の前年にドイツと軍事同盟を結んだ，**イタリア**があてはまる。Bはドイツと**独ソ不可侵条約**を結んだ**ソ連**があてはまる。Cは独ソ不可侵条約を結んだあとにドイツが攻めた**ポーランド**があてはまる。Dはポーランドを助ける条約を結び，首都がパリである**フランス**があてはまる。Eはフランスと同じようにポーランドを助ける条約を結んだ**イギリス**があてはまる。
(3) ユダヤ人以外にもポーランド人などが激しい迫害を受け，大量に殺害された。
(4) 1940年にドイツ，イタリア，日本は**日独伊三国同盟**を結んだ。日本のアジア，ドイツとイタリアのヨーロッパでの指導的立場を確認した。
(5) ①ポーランド南部の都市**アウシュビッツ**につくられた強制収容所では，150万人以上が虐殺されたといわれている。負の世界遺産として1979年に**世界文化遺産**に登録された。
②この日記を書き15歳で死亡した少女は，**アンネ・フランク**である。アンネは家族とともにかくれ家にひそんでいたが，ナチスに見つかり強制収容所に送られた。
(6) ドイツ占領下の人々が行った，ドイツへの協力を拒否したり，ドイツ軍の作戦を妨害したりするなどの運動。1944年8月には，レジスタンスの人々らがパリを解放した。

2 (1) 太平洋戦争は，ハワイの**真珠湾**を日本海軍が奇襲攻撃するとともにイギリス領であったマレー半島に上陸して始まった。**ア**はグアム島，**ウ**はカリフォルニア湾，**エ**はメキシコ湾。
(2) 日本は南進して石油やゴムなどの資源を得るという目的があった。また，アメリカやイギリスが中国へ援助物資を送る補給路も遮断したかった。こうした目的のため，**日ソ中立条約**で北方の安全を確保し，1941年7月にフランス領インドシナの南部に侵攻した。

▼太平洋戦争における勢力図

ソビエト連邦　中華民国　満州国　日本　□日本軍の最大進出地域

ビルマ　フィリピン　サイパン島　ハワイ　シンガポール　マーシャル諸島　オランダ領　ソロモン諸島　東インド　ガダルカナル島

3 (1)イタリアは1943年9月，ドイツは1945年5月，日本は1945年8月に降伏した。

(2)ヤルタで行われた会談では，**アメリカ**のルーズベルト，**ソ連**のスターリン，**イギリス**のチャーチルがドイツの戦後処理とソ連の対日参戦などを決定した。

(3)アメリカ軍は1945年3月に沖縄に上陸。中学生や女学生までもが動員され，激しい戦闘に巻き込まれた。当時の沖縄県民の約4分の1である12万人以上が死亡した。

> ミス注意！
> (4)**ポツダム宣言**は，**アメリカ**，**イギリス**，**中国**の名で発表された。会談に参加していたのは中国ではなく，ソ連であったが，日ソ中立条約があったため，名前を出さなかった。

(5)1945年8月6日に広島，9日に長崎に投下された。

(6)**エ**が誤り。空襲を避けるため，都市部の小学生が農村に疎開した。これを**集団疎開〔学童疎開〕**という。**ア**は**勤労動員**，**ウ**は**学徒出陣**。

第5章 二つの世界大戦
定期テスト予想問題
本冊 P.90

❶ (1)①**日英**　②**ドイツ**　③**国際連盟**
(2)**五・四運動**　(3)**米騒動**　(4)**治安維持法**

❷ (1)**世界恐慌**
(2)A**ア**　B**イ**　C**オ**
(3)**ルーズベルト**　(4)**ブロック経済**
(5)(国名)**ソビエト社会主義共和国連邦〔ソ連〕**
　(理由)社会主義国として五か年計画の体制を固めていたため。

❸ (1)**イ**　(2)国民党：**オ**　共産党：**イ**
(3)①**オ**　②**エ**　③**ウ**
(4)**イ→ア→ウ→エ**

❹ 内容　(例)輸出額が輸入額を上回った。
記号　**イ**

> 解説
> **❶** (1)①1902年，ロシアに対抗するために日本とイギリスが結んだ**同盟**。
> ②第一次世界大戦は，ドイツを中心とする**同盟国**とイ

ギリスやフランス，ロシアの三国協商を中心とする**連合国**との戦争であった。日本は，**日英同盟**を理由に，連合国側に立って参戦した。

③アメリカ大統領**ウィルソン**の提唱によって設立されたが，アメリカは議会の反対で加盟しなかった。

(2)中国は，パリの講和会議で，**第一次世界大戦**中に日本が中国に対して出した**二十一か条の要求**の撤回を求めたが認められなかった。そのためこの講和条約への反対運動が**北京**で起こり，この運動は全土に広がっていった。

(3)**シベリア出兵**を見こした米の買い占めから，米価が急上昇した。富山県の漁村の主婦らが米の安売りを求めた行動が全国に広がり，軍が出動する騒ぎとなった。これを**米騒動**という。

(4)**普通選挙法**の制定により，有権者がおよそ4倍に増加した。共産主義運動が拡大することをおそれて同時に**治安維持法**が制定された。

❷ (1)ニューヨークの株価の急激な下落に始まる世界的な経済危機を**世界恐慌**という。日本には翌年の1930年から影響があらわれ，日本経済は落ち込んでいった。

(2)(3)(4)Aはアメリカの**ルーズベルト**が行った**ニューディール〔新規まき直し〕**政策，Bはイギリスやフランスなど，植民地を多く抱える国がとった**ブロック経済**，Cは植民地をもたないドイツなどで起こった**ファシズム**について述べている。

(5)**ロシア革命**を経て，社会主義国となった**ソビエト社会主義共和国連邦〔ソ連〕**は，**スターリン**の指導のもと，「五か年計画」を実施していた。そのため，世界恐慌の影響を受けることはなかった。

❸ (1)**満州事変**は，奉天郊外で日本軍が**南満州鉄道**の線路を爆破し，これを中国のしわざとして引き起こした。日本軍は満州の主要地域を占領し，翌年には「**満州国**」をつくった。
アは**日露戦争**のきっかけとなったできごと。**ウ**は**日清戦争**のきっかけとなったできごと。**エ**は**日中戦争**のきっかけとなったできごと。

(2)中国では，**国民党**の**蔣介石**が**毛沢東**を指導者とする**共産党**をおさえて，中国の統一を進めようとしていた。しかし，日中戦争が始まったことにより，国民政府と共産党はともに**抗日民族統一戦線**をつくり，日本の侵略と戦うこととなった。**ア**の**孫文**は，**三民主義**を唱え，1911年に起こった**辛亥革命**の中心人物である。**ウ**の**袁世凱**は，孫文のあとに中華民国の臨時大総統になった人物である。**エ**の**周恩来**は，1949年に**中華人民共和国**の初代首相になった人物である。

(3)ドイツは，1938年オーストリアを併合し，翌年にはチェコスロバキアの西部を併合し，ポーランドへと侵略を進めていった。

(4)**ア**は1945年3月，**イ**は1942年6月，**ウ**は1945年8月6日，**エ**は1945年8月8日のできごとである。

1 戦後の日本と冷たい戦争

STEP 1 要点チェック

テストの要点を書いて確認
本冊 P.92

①GHQ　②朝鮮　③サンフランシスコ平和
④日米安全保障〔安保〕　⑤日ソ共同宣言
⑥財閥解体　⑦農地改革

STEP 2 基本問題
本冊 P.93

1 (1) 連合国軍最高司令官総司令部，マッカーサー
(2) 国民主権，基本的人権の尊重，平和主義（順不同）
(3) 労働基準法　(4) 農地改革

2 (1) 北大西洋条約機構〔NATO〕　(2) 特需景気
(3) サンフランシスコ平和条約　(4) ウ　(5) ア
(6) 石油危機〔オイル・ショック〕　(7) イ

解説

1 (1) 連合国軍最高司令官総司令部〔GHQ〕は，アメリカ軍を主力とした組織であり，日本政府はGHQの指示に従って政策を実施する，間接統治の体制がとられ，そのもとで戦後改革が行われた。
(2) 国民主権とは，主権が国民にあるということ。基本的人権の尊重とは，それぞれの個人が生まれながらにもっている基本的人権をたがいに尊重しあうこと。平和主義とは，戦争を放棄して戦力をもたず，交戦権を認めないこと。

▼大日本帝国憲法と日本国憲法の比較

	大日本帝国憲法	日本国憲法
発布・公布	1889年2月11日	1946年11月3日
主権	天皇主権	国民主権
天皇	神聖不可侵，統治権を持つ	日本国・国民統合の象徴
人権	法律の範囲内	永久の権利（基本的人権の尊重）
軍隊	統帥権は天皇がもつ	永久に戦争を放棄（平和主義）

(3) 経済の改革の一つとして，労働運動の育成が行われた。1945年に労働者の団結権や団体行動権，争議権を認める労働組合法が制定され，1947年に労働条件の最低基準を定めた労働基準法が制定された。
(4) 農地改革は地主がもつ小作地を政府が買い上げて小作人に安く売りわたした改革で，自作地が大幅に増加した。これによって，多くの自作農が生まれ，経済的にも農村の平等化が進んだ。

2 (1) 西側陣営は，アメリカを中心とする北大西洋条約機構〔NATO〕で結ばれた。これに対して東側陣営はソ連を中心としてワルシャワ条約機構で結ばれた。
(2) 朝鮮戦争により，アメリカ軍が使用する大量の軍需物資が日本で調達され，特需景気が起こった。

---

(3) 日米安全保障条約と同時に結ばれたのは，サンフランシスコ平和条約であり，日本は吉田茂が首席全権として出席して48か国と結んだ。この条約で日本は独立を回復した。
(4) 1955年，保守政党である自由民主党が誕生し，1993年まで保守一党優位の政治体制（55年体制）が続いた。
(5) 国際連合加盟は，日ソ共同宣言が出され，ソ連の支持を受けたことによって実現した。イは1965年に結ばれ，韓国政府を朝鮮半島における唯一の政府と承認したもの。ウは1972年に発表され，中国と国交を正常化したもの。エは1978年に結ばれ，日中両国がたがいに友好関係や経済・文化における関係を深めることを定めたもの。
(6) 第四次中東戦争によって石油価格が急に上昇し，石油危機〔オイル・ショック〕が起こった。

> **ミス注意！**
> (7) 高度経済成長は，年平均で10%程度の経済成長率だった。1950年代中ごろから石油危機の1973年までを指す。

STEP 3 得点アップ問題
本冊 P.94

1 (1) ウ
(2) （例）有権者は，満25歳以上の男子から満20歳以上の男女に拡大した。
(3) イ　(4) 国民主権　(5) エ　(6) 西側陣営
(7) 毛沢東　(8) 大韓民国〔韓国〕

2 (1) 警察予備隊　(2) イ　(3) エ
(4) 55年体制　(5) 日米安全保障条約〔安保条約〕
(6) 日中共同声明

3 (1) A朝鮮　B石油危機〔オイル・ショック〕
(2) ①高度経済成長　②ア

解説

1 (1) アはNATOが北大西洋条約機構の略称であるので誤りである。イ・エは，ルーズベルトは世界恐慌のあとにニューディール〔新規まき直し〕という政策を行ったアメリカの大統領であるので誤りである。
(2) 1925年に普通選挙法が制定され，満25歳以上の男子に選挙権があたえられた。1945年に満20歳以上の男女に選挙権があたえられるように改正された。
(3) 地主の土地を強制的に買い上げて，地主から田畑を借りて耕作する小作人に安く売りわたすことで，自作農を増やした。
(5) 国際連合の安全保障理事会の常任理事国は，アメリカ，イギリス，フランス，ソ連（現在はロシア），中国である。
(7) 毛沢東率いる共産党が蔣介石率いる国民党を破って，1949年に中華人民共和国が成立した。国民党は台湾にのがれた。
(8) 朝鮮戦争では，アメリカを中心とする国連軍が韓

国を，中国の義勇軍が北朝鮮を支援した。

2 (2)**イ**が誤り。サンフランシスコ講和会議には，インドやビルマ（現在のミャンマー）などは参加せず，ソ連やポーランドなどの共産主義の東側の国は条約に調印しなかった。中華人民共和国と中華民国はどちらも会議に招かれていない。
(3)1955年，**インドネシアのバンドンでアジア・アフリカ会議**が開催され，民族自決主義や反植民地主義などを定めた**平和十原則**が採択された。
(4)**55年体制**は，1993年に細川護熙内閣が成立して終わった。

▼55年体制下の歴代首相

期間	内閣
1955年11月～56年12月	鳩山一郎
1956年12月～57年2月	石橋湛山
1957年2月～60年7月	岸信介
1960年7月～64年11月	池田勇人
1964年11月～72年7月	佐藤栄作
1972年7月～74年12月	田中角栄
1974年12月～76年12月	三木武夫
1976年12月～78年12月	福田赳夫
1978年12月～80年7月	大平正芳
1980年7月～82年11月	鈴木善幸
1982年11月～87年11月	中曽根康弘
1987年11月～89年6月	竹下登
1989年6月～89年8月	宇野宗佑
1989年8月～91年11月	海部俊樹
1991年11月～93年8月	宮沢喜一

3 (2)①**高度経済成長**は，1950年代中ごろから1973年に**石油危機〔オイル・ショック〕**が起こるまでを指す。1968年には，日本の**国民総生産〔GNP〕**は，資本主義国の中で第2位となった。
② パソコンは2000年代から，携帯電話は1990年代から普及し始めたので，**ア**が誤り。

2 現代の日本と世界の結びつき

STEP 1 要点チェック

テストの要点を書いて確認
本冊 P.96

①マルタ会談　②EU　③同時多発
④イラク

STEP 2 基本問題
本冊 P.97

1 (1)イ　(2)サミット　(3)EU
(4)平和維持活動
2 (1)ベルリン　(2)バブル　(3)Y自衛隊
Z東日本　(4)自由民主党〔自民党〕

---

(5)イ

〔解説〕

1 (1)1989年12月，地中海の**マルタ**でアメリカの**ブッシュ大統領**とソ連の**ゴルバチョフ共産党書記長**が会談し，**冷戦の終結**が宣言された。　**ア**のヤルタ会談は，1945年にソ連・アメリカ・イギリスの3か国で行われたものである。**ウ**はポツダム会談のことで，アメリカ，イギリス，中国の名で**ポツダム宣言**が出され，日本に無条件降伏を求めた。**エ**は南北首脳会談のことで，北朝鮮と韓国の間で行われた会談である。
(2)**主要国首脳会議〔サミット〕**は，1975年から始まり，現在は，**日本，イギリス，ドイツ，フランス，イタリア，ロシア，アメリカ，カナダ**のG8の首脳などが出席し，国際的な政治・経済の問題が話し合われている。また，2008年から，急速に発展した新興国の中国やインド，ブラジルなどの首脳も出席する**G20**が開かれている。ここではカタカナで答えることに注意する。

2 (1)東ヨーロッパ諸国では民主化運動が高まり，共産党政権が次々とたおれるなか，1989年には**ベルリンの壁**が取りはらわれた。これにより，東西ドイツは統一した。
(2)**バブル景気〔バブル経済〕**は，1980年代末に始まり，土地と株式の価格が短期間で異常に高くなって起こった。
(3)Yには，1992年に国連のPKOに初めて派遣された**自衛隊**があてはまる。
(4)自由民主党と日本共産党を除く党派で構成された，**細川護熙**を首相とする非自民連立内閣が発足して，**55年体制**が終結した。
(5)**京都議定書**は，1997年に開かれた地球温暖化防止京都会議で採択された。二酸化炭素などの温室効果ガスの排出削減を行うために，国際的な取り組みを決めたものである。なお，地球温暖化の新たな国際的な枠組みが定められた，**パリ協定**が2015年に採択された。

STEP 3 得点アップ問題
本冊 P.98

1 (1)イ　(2)エ　(3)ベルリン
(4)イラク　(5)ウ　(6)①ユーロ
② (例)ヨーロッパの政治的・経済的統合をめざす。
(7)エ　(8)中東
2 (1)ア，エ（順不同）　(2)①自衛隊　②イ
(3)イ，オ（順不同）　(4)自由民主党〔自民党〕
3 (1)アイヌ民族　(2)グローバル化
(3)京都議定書

〔解説〕

1 (1)ソ連軍はアフガニスタンに1979年に侵攻し，1989年に撤退が完了した。
(2)**ゴルバチョフ**は，1985年にソ連の共産党書記長に就任し，ペレストロイカと呼ばれる改革を行い，西側

陣営との関係改善や情報公開を進めた。結果として，ソ連の崩壊を早めることとなった。**ア**のブッシュはマルタ会談に出席したアメリカの大統領。**イ**のクリントンは1993年〜2001年までアメリカの大統領に在任した人物。**ウ**のエリツィンは**ロシア連邦**の初代大統領。

(4)イラクは1990年8月に隣国のクウェートに侵攻して併合。翌年1月にアメリカを中心とする多国籍軍がイラクを攻撃し，**湾岸戦争**が起こった。イラク軍は2月に撤退した。

(5)ソ連の解体前に新たに独立した国は，ロシア連邦である。**ア**のユーゴスラビアは1991年から内戦が起こり，7か国に分かれたヨーロッパの国。**イ**の東ティモールは，2002年にインドネシアから独立した東南アジアの国。**エ**のイスラエルは中東のパレスチナ問題に深く関わっている国。

(6)①②EUは，地域統合の動きが活発になり発足した。ヨーロッパの政治的・経済的な統合をめざして，EU域内の移動の自由や共通通貨の**ユーロ**の導入などが行われている。冷戦後に民主化した東ヨーロッパに拡大している。

(8)冷戦終結後，**ヨーロッパ連合〔ＥＵ〕やアジア太平洋経済協力会議〔ＡＰＥＣ〕**などの地域統合の動きが進むいっぽうで，世界各地では民族や宗教，文化などのちがいから**地域紛争**が起こっている。

紛争名	年代
パレスチナ問題	1948 〜
東ティモール独立運動	1975 〜 1999
ユーゴスラビア紛争	1991 〜 1999

2 (1)バブル景気とは，1980年代末に投機によって株価と土地の価格が急騰した好景気である。バブル景気は1991年に崩壊した。

(2)冷戦後の世界では，国連などの国際協力を通して地域紛争を解決しようとする動きが強くなった。このような状況のなかで，日本は経済援助だけでなく世界平和のためにも国際貢献を求められ，1992年に国連の**PKO**活動として，初めて**カンボジア**に自衛隊を派遣した。

派遣先	派遣期間
カンボジア	1992年9月〜1993年9月
モザンビーク	1993年5月〜1995年1月
ゴラン高原	1996年2月〜2013年1月
東ティモール	2002年2月〜2004年6月
ハイチ	2010年2月〜2013年2月
南スーダン	2012年1月〜2017年5月

(3)**ア**は1993年。**イ**は2008年。**ウ**は1991年。**エ**は1995年。**オ**は2002年。

(4)1993年に非自民連立内閣が成立したが，その後ふたたび自由民主党が政権をにぎった。

3 (1)2008年に**アイヌ民族**を先住民族とすることを認める決議が国会で採択されている。

(2)国境をこえる経済活動がさかんになり，**グローバル化**が進む現代では，環境，資源，食料，平和など，一国だけでは解決できない問題が増えている。

(3)**京都議定書**では，先進諸国の温室効果ガスの排出量削減の数値目標と，それを達成するための国際的な

しくみを定め，2005年に発効した。

第6章　戦後の日本と世界の結びつき

定期テスト予想問題　　　　本冊 P.100

❶ (1)国際連合〔国連〕

(2)①ＧＨＱ　　②マッカーサー

(3)①（例）満20歳以上のすべての男女に選挙権があたえられたから。　　②ウ

(4)1946年11月3日

❷ (1)サンフランシスコ平和条約

(2)朝鮮　　(3)ウ

(4)（条約名）日米安全保障条約〔安保条約〕　（記号）イ

❸ (1)ソ連〔ソビエト社会主義共和国連邦〕

(2)ウ　　(3)①高度経済成長　　②公害

(4)①ベルリン　　②社会

(5)ウ→イ→ア→エ

❹ B国

解　説

❶ (1)各国は二度の世界大戦が起きたことを反省し，1945年6月サンフランシスコで，**国際連合憲章**に調印し，10月に51か国の加盟で国際連合が成立した。アメリカ・イギリス・フランス・ソ連（現在はロシア）・中国の5か国が**安全保障理事会**の**常任理事国**となった。

(2)第二次世界大戦が終わり，日本にはアメリカを中心とする連合国軍が駐留した。沖縄や小笠原諸島などはアメリカの直接軍政下に置かれ，**連合国軍最高司令官総司令部**の指令・勧告によって，日本政府は民主化を進めていった。

▼戦後の民主化

○政治の民主化
- **選挙法の改正** － 20歳以上の男女による普通選挙
- **治安維持法の廃止** － 政治犯の解放

○経済の民主化
- **財閥解体** － 三井・三菱・住友・安田など
- **農地改革** － 自作農の拡大

○社会の民主化
- **労働組合法，労働基準法**の制定

ミス注意!
(3)②**ア**の**教育勅語**は，1890年に出された忠君愛国の道徳が示されたもの。**イ**の**学制**は明治維新後の1872年に公布した学校制度を定めたもの。**エ**の**民法**は，婚姻や相続など家族にまつわることや，社会生活について定めたもの。

(4)日本国憲法は，1946年11月3日**公布**，1947年5月3日**施行**。

❷ (1)1951年サンフランシスコの講和会議で，日本は48
か国と**サンフランシスコ平和条約**を結んだ。この条約
によって，日本は独立を回復した。しかし，沖縄と小
笠原諸島はアメリカに占領されたままであった。その
後，日本はアメリカと交渉を進め，沖縄は1972年に，
小笠原諸島は1968年に日本へ返還された。
(3)サンフランシスコ平和条約に調印しなかった国々
がある。中華人民共和国と中華民国はともに講和会議
に招かれず，インドはアメリカ軍が日本に駐留するこ
となどに反対して会議に参加しなかった。また，ソ連
やチェコスロバキアなどは，会議には参加したが，中
華人民共和国の不参加を理由に調印をしなかった。
(4)サンフランシスコ平和条約と同時に，日本はアメ
リカと**日米安全保障条約**を結んだ。この条約によって，
日本には独立後も「極東の平和と安全」のために**アメ
リカ軍基地**が国内に残ることになった。

❸ (1)ソ連は日本の国際連合加盟を拒否していたが，
1956年に日本との国交を回復すると，日本支持にま
わったので，**日本の国際連合加盟**が実現した。日本と
ソ連(ロシア)の間には**北方領土問題**が未解決であるた
め，いまだ平和条約は結ばれていない。
(2)**ア**の**自衛隊**は1954年につくられた。**イ**の**オリン
ピック東京大会**は1964年に開催された。**ウ**の沖縄が日
本に返還されたのは1972年である。**エ**の**万国博覧会**が
大阪で開催されたのは1970年のことである。
(3)①1950年代中ごろから日本は他に類を見ない急速
なスピードで経済が発展していった。これを**高度経済
成長**という。高度経済成長は，1973年の**石油危機**まで
およそ20年間にわたって続いた。

▼日本の経済成長率

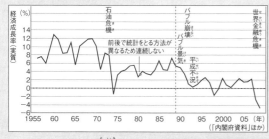

②被害を受けた地域の住民は各地で公害反対運動を起
こした。代表的なものは，**新潟水俣病**，**四日市ぜんそ
く**，**イタイイタイ病**，**水俣病**に対する裁判である。こ
の四大公害裁判は，住民側が勝訴した。
(4)第二次世界大戦後，アメリカを中心とする自由主
義体制とソ連を中心とする社会主義体制が対立を続け
ていた。これを**冷たい戦争〔冷戦〕**という。冷戦の象
徴であった**ベルリンの壁**が1989年に崩壊し，12月に地
中海のマルタ島で米ソの指導者が会談し，冷戦終結の
宣言がなされた。
(5)**ア**は2001年，**イ**は1993年，**ウ**は1992年，**エ**は2004
年のできごとである。

❹ 中国は経済特区を設け，海外の企業を積極的に受け入
れたため，1980年代から在留日本人人口が増加した。
A国はアメリカ，**C**国はブラジル。